이우정 지음

Prologue

미리 밝혀둘 것이 있다.

이 책은 3년 전에 나왔어야 했다. 하지만 한 해가 가고, 가고, 또 가고. 심지어 〈1박 2일〉이 종영되고도 1년이 지나서야 책이 세상에 나왔다. 변명하자면.

책을 쓰기 시작할 때만해도 나는 〈1박 2일〉의 메인 작가였다. 하지만 책을 절반쯤 썼을 때 MC몽이 나갔고, '어, 어?' 이러는 사이 김C도 나갔고, 나중에는 강호동도 나갔다.

'이게 뭔 일이라니.'

아찔해진 정신을 부여잡고, 지난 기억들을 끌어 모아 원고를 마무리할 때 〈1박 2일〉이 종영(물론 시즌1)됐다. 그리고 난 직장을 옮겼고, 드라마(90년대 감성 충만했던 응칠이〈응답하라 1997〉)도 한 편 끝냈고, 심지어 게을렀고, 정신 없었고. 그렇게 다사다난함을 겪으며 긴 역사를 뚫고 책이 마무리 되었다.

솔직히 걱정도 된다.

　　강호동이 "1박~ 2일~!"을 외치고 바른 청년 이승기가 허당 짓을 하고 이수근이 졸린 눈으로 운전을 하던 때의 〈1박 2일〉을 기억해 주는 사람이 있을까?
　　하지만, 700일이 넘게 외박하고, 까나리 마시고, 텐트 치고, 마을 이장님과 호형호제하고, 강호동의 섬세함에 감동하고, 그의 눈물도 보고, 기똥차게 맛난 전라도 음식을 먹고, 김하늘의 민낯도 보고, 스태프 80명 밖에서 재우고. 이 모든 게 나에겐 너무도 생생한 기억이다. 동료 PD, 후배 작가, 〈1박 2일〉의 멤버들에게도.

　　'어쩌면 우리를 사랑해줬던 사람들에게도 그렇지 않을까?' 하는 마음으로 기억의 조각들을 한 권의 책으로 묶었다. 마치 밤을 세워 떠는 수다처럼, 편한 마음으로 읽어 주시길 바란다.

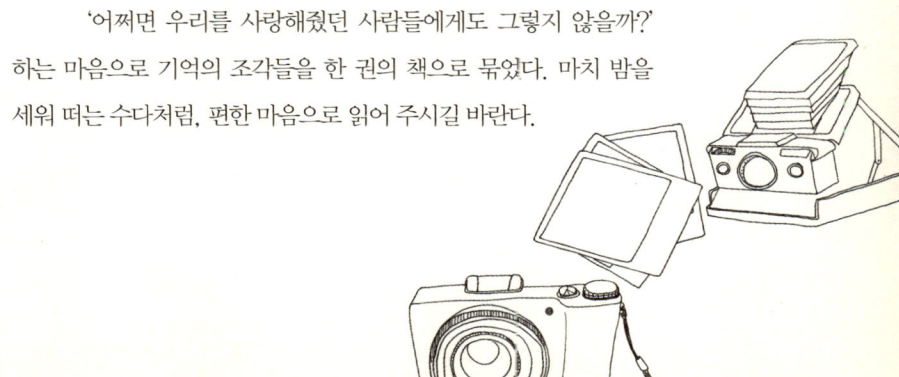

Contents

Prologue • 002

PART 1. 아날로그 감성 폭발하는 예능의 탄생

01. 뜨거운 장터 인심이 채워 준 강호동의 빈자리 • 006
02. 추억을 짜는 참기름 집에서 터진 시청률 30% • 024
03. 떠나온 나의 고향 집으로 돌아가다 • 044
우정's Memory 1 · 아날로그 감성 폭발하는 프로그램 하나 만들자 • 058
우정's Memory 2 · 전국 팔도에서 가장 포스 있는 느티나무 찾기 • 062

PART 2. 이게 다 먹고 살자고 하는 짓이지

04. 초딩 입맛도 사로잡은 나주곰탕과 극과 극의 맛 홍어 • 068
05. 침이 꼴딱, 야식이 있어서 아름다운 서울의 밤 • 084
06. 우리는 한우 삼합에 미쳤었다 • 104
07. 원시의 섬, 만재도 5가지 보물을 찾아라 • 118
우정's Memory 3 · 제작진이 뽑은 최고의 한 끼 • 138
우정's Memory 4 · 세상에서 가장 행복하고 꼬질꼬질한 직업 • 142

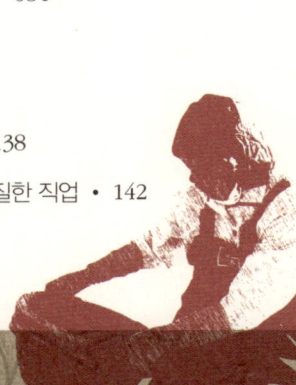

PART 3. 리얼 버라이어티 정신!

08. 〈1박 2일〉의 장수를 예감한 첫 자유 여행 • 146
09. 스태프 80명 vs. 멤버 6명 전설의 잠자리 복불복 • 158
10. 〈1박 2일〉의 첫 사고, 초대형 프로젝트 백두산 특집 • 170
우정's Memory 5 · 나를 지탱해 주는 힘, 고마운 너희들 • 192
우정's Memory 6 · 본능 앞에서 무너진다? 아니, 살아났다! • 196

PART 4. 이래서 사람은 여행을 떠나야 해

11. 폭우, 강풍 그리고 폭설 중 제일은 폭설이니라 • 202
12. 뼛속까지 예능인 여섯 남자 둘레길에서 다큐를 찍다 • 212
13. 다도해에서 가장 예쁜 섬, 관매도에서 밤을 새우다! • 230
14. 1박 2일, 어느새 100번째 여행 • 246
우정's Memory 7 · 작가들이 자주 받는 질문들 • 272
우정's Memory 8 · 하지만, 사진이 없어 담지 못한 이야기들 • 274

Epilogue • 280

방송일 _ 2011. 10. 2 ~ 9

촬영지 _ 강원 동해 북평장, 전남 화순장, 충북 괴산장,
경남 창녕장, 전남 구례장

에피소드 _ 큰형님 없이 떠나는 첫 번째 여행.
5명이 떠나는 첫 번째 여행 테마는?
가을맞이 특집 〈전국 5일장 투어〉.
충청도부터 강원도, 경상도, 전라도까지!
대한민국의 오곡백과가 모이는
5개의 5일장으로 출발한다.

01

뜨거운 장터 인심이 채워 준

강호동의 빈자리

〈전국 5일장 투어〉

가운데서 우렁차게
"1박~~~"을 외치던 사람이 없어졌다.
〈1박 2일〉의 상징이자 동의어였던
강호동이 4년 만에 쓸쓸히 프로그램을 떠났다.
만류도 하고 화도 내 봤지만, 강호동은
만 마디의 말보다 한 번의 침묵이 소중한 사람이다.
우린 그의 결정을 존중하기로 했다.
쿨하게 보냈지만
사실 하늘이 무너지고 땅이 꺼지는 것 같았다.

강호동이 누구인가?
〈1박 2일〉 그 자체 아닌가! 이제 우린 어떡하지?
강호동의 빈자리는 못 채운다.
채울 수가 없는 자리다.

그의 빈자리를
채우는 방법

강호동이 누구인가? 〈1박 2일〉 그 자체 아닌가! 이제 우리 어떡하지? 강호동의 빈자리는 못 채운다. 채울 수가 없는 자리다. 대신 우린 속임수를 쓰기로 했다. 티가 나면 안 된다. 강호동이 없다는 티가 절대 나면 안 된다. 시선을 다른 데로 돌려야 한다. 어떻게 하지? 서로에게 질문했다.

"우리 프로그램은 어떨 때 제일 시청률이 잘 나오냐?"
"…이승기?"
"아니, 그러니까 승기가 뭘 하면 시청자들이 보냐고?"
"…먹는 거?"
"그래!! 먹는 거!!!"

이승기 원샷보다 시청률이 더 잘 나오는 것이 있다. 바로 음식 원샷이다. 우린 음식으로 강호동의 빈자리를 감추기로 했다. 그리고 만날 등장하는 음식 테마가 지겨우니 좀 더 광범위한 콘셉트를 찾기로 했다. 이럴 땐 또 초심이다.

〈1박 2일〉의 초심. 바로 '아날로그'. 음식과 관련된 아날로그 콘셉트라…. 뭐가 있을까?

어릴 적 엄마 손을 잡고 가 본 5일장은 세상 만물을 구경할 수 있는 신기한 곳이었다. 그중 내 눈을 사로잡은 건 사카린 한 숟가락을 넣어 입안을 가득 채우는 바삭바삭한 단맛을 선사하는 뻥튀기였다. 그 맛보다 고소한 냄새로 먼저 유혹의 손길을 뻗는 뻥튀기는 단연 5일장의 랜드 마크다.

장돌뱅이의 주린 배를 채워 주던 국밥집, 눈을 갓 뜬 강아지, 웃통을 벗고 벌겋게 달아오른 쇠를 땅땅 치던 대장간. 가게 자리도 따로 없다. 땅바닥에 물건을 놓고 엉덩이를 붙이면 거기가 바로 가게다. 서로 밑지고 판다고 뻥을 치지만 누구 하나 따지지 않는다. 하긴 따지면 무엇 하나. 다리 하나 건너면 다들 친척이고 동네 사람인 것을….

근래 5일장에 가 본 적이 있는가? 기대 이상으로 즐겁다. 1980년대생 이상이라면 아마 시간 가는 줄 모를 거다. 좌판에 쪼그려 앉아 팥죽 한 번 먹어 보시라. 두고 두고 기억에 남는다.

아날로그 감성 돋는 최고의 촬영지, 그래 여기다.
5일장으로 가자고!!

후배들아, 전쟁 상황이다!!
얼른 자대 복귀해라~

처음에는 고민이 많았다. 예능인데 너무 다큐로 가는 거 아니냐? 재미는 실종됐냐? 라는 비난에 대한 걱정도 컸다. 하지만 지난 여러 시도들을 통해서 크게 깨달은 것들이 있다. 예능 프로그램은 남을 웃기기 위한 방송이 아니라 즐겁게 해 주기 위한 방송이란 것을, 그리고 그 즐거움의 많은 부분이 감성에서 나온다는 것을 알게 되었다. 어떻게 하면 시청자들의 감성을 움직일 수 있을까? 역시 복고다. 복고만큼 전 국민을 아우르는 정서는 없다. 그 복고의 감성 중심에 시골 장터가 있다.

그나저나 어느 때보다 철저한 사전 준비가 필요한 5일장 답사. 의지를 다지니 마음이 급해졌다. 답사부터 떠나야 했다. 하지만 촬영 날과 겹치는 3·8일장의 리스트를 뽑고 나니 또다시 막막해졌다. 봐야 할 곳은 많은데 시청자 투어를 끝내고 휴가 간 대주와 란주가 빠지니 인력 부족이 심각하다. 어쩔 수 없이 휴가 간 후배들을 불러들였다. 후배들이 작가협회에 고발해도 난 할 말 없다. 오랜만에 고향 예산으로 내려간 대주는 곧바로 괴산장으로 투입됐고, 제주도로 휴가를 떠난 란주는 그나마 배려해 준다고 전남 구례장으로 보내졌다. 고향이 경상도인 재영이는 창녕으로 떠났고, 강원도 담당 은빈이는 동해로 출발했다. 답사 떠난 후배들, 속속 소식을 알려왔다.

선배~

먹을 거 대따 많은데요!!

뻥튀기, 콩국, 국수, 핫도그,

붕어빵, 팥죽, 꽈배기...

오케이!! 다 사 와!!
예???

형제애가 아니라
전투애로 똘똘 뭉친 5명

강호동 은퇴 후 첫 촬영. 모두 가운데 자리를 부담스러워했다. 떠난 형님의 자리를 떡하니 차지했다는 대중의 비난이 무섭고 분위기를 주도해야 한다는 부담감이 컸기 때문이다. 얼떨결에 엄태웅이 가운데에서 "1박~"을 외쳤다. 그래, 이럴 땐 해맑은 엄태웅이 최고다. 엄태웅은 사실 이런저런 이미지를 잘 안 따진다. 모두 꺼려하는 분위기를 눈치채고 가장 부담이 적은 본인이 나선 거다. 이 사람, 이렇게 속이 깊다.

"1박 2일"을 외치는 5명의 어깨에 힘이 잔뜩 들어갔다. 혹시라도 강호동의 빈자리가 보일까 서로 앞다투어 멘트를 하고 몸 개그를 한다. 이런 멤버들의 모습을 보고 있으니 더 크게 강호동의 빈자리가 느껴졌다. 흡연 사건, 사직 사건, 김C와 MC몽의 하차 등 많은 일을 겪었지만 강호동의 부재만큼 피부로 와 닿은 적은 없다. 그만큼 큰 사람이 강호동이었다. 하지만 마냥 넋 놓고 있을 수만은 없다. 팀의 주장이 빠졌다고 경기를 포기할 수는 없는 일, 우리를 지켜볼 관객이 얼마나 많은데…. 다시 한번 신발끈을 조였다.

🏠 1박 2일 여행수첩
전남 화순장

도착하자마자 파김치를 담그고 계신 아주머니에게 다가가 파김치와 고들빼기김치를 넉살 좋게 얻어먹고, 자장면을 드시고 계시는 할머니에게 한 젓가락만 달라며 애교를 부리는 엄태웅. 그 모습에 두말하지 않고 "예뻐 내 아들~" 하시며 젓가락에 자장면을 둘둘 말아 입에 넣어주시는 할머니의 모습이 참으로 정겨웠던 전남 화순장. 남도 최대의 5일장 중 하나다. 순천, 광주, 보성이 맞닿아 있어 농수산물이 풍부한 전통장이다. 시원한 탁주와 함께하는 간이주점이 즐비해 장날이면 발 디딜 틈 없이 붐빈다. 1963년까지는 군청 옆 구시장에서 장이 열렸는데 도시 발전과 함께 현재의 자리로 이전했다.

주소 전남 화순군 화순읍 삼천리 621

🍴 1박 2일 추억의 맛
금성식당

엄태웅이 먹은 홍어탕집. 생각보다 먹기 쉽다. 홍어만의 독특한 향이 덜해 홍어를 싫어하는 분들도 얼마든지 즐길 수 있다. 홍어뿐 아니라 꽃게, 미더덕 등도 들어 있어 홍어의 향은 살짝 나고 해물탕 맛이 강하다. 무엇보다 국물 맛이 개운해 해장국으로도 손색없다.

주소 전남 화순군 삼천리 600
문의 061-374-4365
가격 홍어탕 1인분 6000원

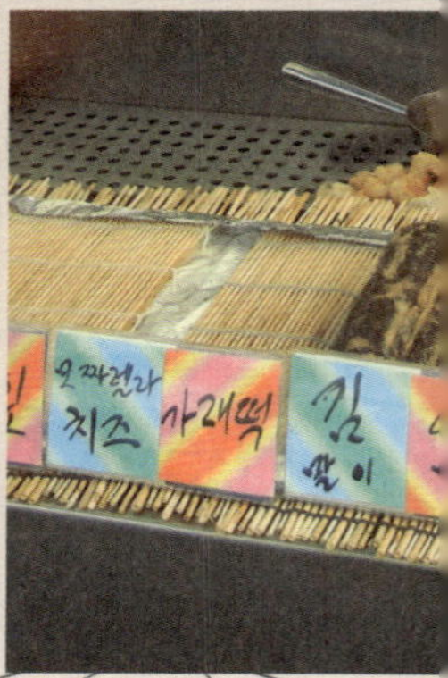

🏠 1박 2일 여행수첩
충북 괴산장

마치 살 빠진 강호동이라도 강림한 듯 남녀누구에게나 일일이 인사를 하고 자연스럽게 악수를 건네던 은지원. "지원아~ 좋아한다"라며 다가온 아주머니에게 "네~ 어머니" 하며 다가가던 은지원은 어느덧 자신도 모르게 '강호동'화되어 가고 있었다. 어머니, 아버지 들의 사랑을 듬뿍 받으며 마치 성화 봉송하는 것처럼 어묵을 들고 다녔던 곳.

괴산군에서 열리는 가장 큰 5일장이다. 청결고추, 찰옥수수, 송이버섯 등이 유명하고, 장터 먹거리로는 올갱이 해장국과 선짓국밥이 있다.

주소 충북 괴산군 괴산읍 동부리 516

🏠 1박 2일 여행수첩
강원 동해 북평장

도착하자마자 김종민이 생더덕, 핫도그, 김, 메밀전병, 메밀부침, 어묵, 시장커피, 호떡을 입에 달고 다니며 폭풍 식탐과 쇼핑 중독을 보였던 곳이 바로 강원 동해 북평장이다.

1796년부터 이어져 나려온 강원도 최대 재래시장으로, 영동 지역 최대의 민속 5일장이다. 성남 모란장, 전북 이리장과 함께 국내 3대 장터로 손꼽히며 없는 게 없어서 일명 3·8 백화점이라 불린다. 바다와 인접한 만큼 생선과 건어물이 유명하다. 무엇보다 북평장에선 메밀묵, 메밀전병, 메밀부침 등을 단돈 3000원에 맛볼 수 있다.

주소 강원 동해시 북평동 491-1

🍽 1박 2일 추억의 맛
순천장 자장면집

승기가 먹은 자장면. 구례 5일장을 소개하던 승기가 전국일주 때 신세를 졌던 곡성 이장님을 우연히 만난 곳. 반가운 나머지 맨발로 달려가 부둥켜 안고 서로 얼굴을 맞대고 부벼 댈 정도로 반가움을 표시한 승기와 이장님. 사실 우리는 그 소중한 인연에 감사해 '인연 특집'을 마련해 몇 번이나 찾아가려고 했지만 그러지 못했다. 하지만 승기와 호동은 그 인연을 계속 이어가 제작진도 모르게 이장님 아들의 결혼식에 고기와 화환을 보냈다고 한다.

주소 전남 구례군 구례읍 봉남리 91-10
문의 061-781-0242
가격 자장면 한 그릇에 4000원

🏠 1박 2일 여행수첩
전남 구례장

이승기의 오프닝 멘트가 끝내자마자 6살짜리 꼬마아이가 달려와 품에 안기고, 가는 곳마다 할머니, 아주머니 팬들이 다가와 악수를 건네고 포옹을 해 흡사 이승기 팬미팅 현장을 연상시켰던 구례장. 나영석 PD에게 "거시기는 누구여?"라는 굴욕을 안겨 주었고, 이승기는 서울에서도 통하고 시골에서도 통한다는 사실을 알려 준 전남에서 가장 큰 5일장.

구례장은 뻥튀기 장수나, 대장간, 국밥집, 옹기전 등이 늘어서 있는 모습이 20~30년 전 장터가 재현된 듯하다. 김치, 섬진강 은어, 작설차, 밤, 매실 등이 있고, 산수유 열매가 유명하다. 특산물로는 고들빼기, 지리산에서 나는 송이, 고사리, 더덕, 취, 칡, 작설차, 토종꿀이 있다

주소 전남 구례군 구례읍 봉동리 189-5

믿고 의지할 수 있는 건
서로뿐

어떻게 보면 아프고 힘든 많은 사건 사고가 〈1박 2일〉 팀 모두를 성장시켜 주었다. 제작진도 멤버들도 크고 작은 일들을 함께 헤쳐 나오며 알 수 없는 끈끈한 동료애가 생겨 버렸다. 힘들어도 그 누구도 서로 비난하지 않는다. 제작진의 편집 실수로 멤버들이 곤경에 처해도 멤버들은 아무 말이 없고, 멤버들의 작은 불만에도 모든 스태프가 귀를 기울인다. 수년간 늘 가까이서 함께해 오면서 우리도 알지 못하는 사이에 '신뢰' 라는 감정이 생긴 거다. 다시 한번 위기가 찾아왔다. 역대 그 어떤 위기보다 가장 센 놈이 왔다. 믿을 테라곤 서로밖에 없다. 제작진은 멤버들을, 멤버들은 제작진을.

다섯 곳으로 찢어져서 분량 뽑기를 기획한 제작진, 멤버들은 이미 특공대로 무장했다. 제작진은 멤버들이 잘해 주리라 믿었고, 멤버들은 5일장의 기획을 믿어 주었다. 전 우주에서 대인 접촉을 가장 잘하는 멤버들, 역시 곧바로 시민 속으로 흡수된다. 그리고 1초라도 오디오가 빌까 봐 계속 시민들에게 말을 건네고 물건을 소개하고 리액션을 한다. 이건 동료애가 아니다. 전우애, 그 이상이다. 성공적으로 5일장 촬영이 끝나고 나영석 PD는 곧장 편집에 들어갔다. 그리고 그날 밤 한 통의 전화가 왔다.

편집을 해야 하는데,
멤버들의 오디오가 계속
물려 있어서 자를 수가 없어….

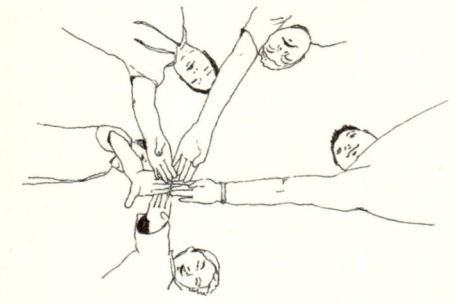

강호동 없는 첫 촬영,
    다섯 멤버는 혹시라도 오디오가 비어 보일까 봐 계속 말을 하고 있었던 거다. 한 사람의 말이 끝나기 무섭게 다음 사람이 바로 치고 들어올 만큼. 그들은 잔뜩 긴장하고 있었고 최선의 노력을 다하고 있었다. 아, 아. 정말 가슴이 먹먹해졌다.
    난 진짜 복 많은 작가다.

🏠 1박 2일 여행수첩
경남 창녕장

차린 것도 없고 자리 하나 편한 곳 없지만 소박한 정이 오가는 장터국밥. 그래서 사람들은 시장에 가면 국밥집을 잊지 않고 찾는다. 5일장 하면 생각나는 것을 사 오라는 미션에 혼자 국밥을 들고 나타난 이수근. 비록 미션 성공에는 실패했지만, 푸짐하게 싸 온 국밥에 스태프까지 달려들어 숟가락을 얹었다. 이제는 이수근 국밥으로 더 유명해진 수구레국밥을 맛볼 수 있는 곳이 바로 경남 창녕장. 경상도에서 가장 규모가 큰 장 중 하나다. 양파, 마늘, 고추, 땅콩 등 다양한 농산물이 거래된다. 창녕장은 예전부터 고추와 마늘 물량이 많은 데다 다른 곳보다 저렴하다.

주소 경남 창녕군 창녕읍 교하리 263-12

🍴 1박 2일 추억의 맛
창녕장 원조 수구레국밥

수구레는 소가죽 뒷면에 붙은 고기나 비계를 긁어낸 것이다. 먹고 살기 힘든 옛 시절, 가난한 서민들이 기름기를 조금이나마 맛보고자 해서 먹었던 음식이다. 커다란 드럼통 2개에 푹 끓인 수구레국밥을 푸짐하게 담아 준다. 기름지지 않고 담백한 맛이 일품. 방송이 나간 후 '1박 2일 이수근 씨 국밥 먹은 집'이라는 큰 현수막이 걸려 있고, 시장 한복판에 100m의 긴 줄이 늘어져 있다고 하니 쉽게 찾을 수 있을 듯.

문의 010-2711-8787
가격 수구레국밥 한 그릇에 5000원

호동이는
안 왔나?

전남 구례장에 도착한 승기, 차에서 내리자마자 시민께서 알아 보신다. 그러고는 바로 "호동이는 안 왔나?" 괴산장으로 간 지원이에게도 아주머니가 물어보신다 "호동이는?" 동해로 간 종민에게도, 화순에 간 태웅에게도 똑같이 물어보신다.

호동이는 같이 안 왔나?

어떻게 이럴 수 있지? 도대체 이 프로그램의 정체가 뭐지? 일개 연예인이다. 텔레비전에 나오는 연예인인데, 어떻게 어르신들은 마치 자신의 아들과 딸 이름을 부르듯 친근하게 물어 보실까? 방학이라 시골에 내려온 서울 외손주들의 이름을 부르는 목소리와 별반 다르지 않다. 대중 속으로 깊숙이 들어간 멤버들, 이분들에게 강호동은 강호동이 아니다. 그냥 호동이다. 이승기가 아니고 "우리 승기~"고 이수근이 아니고 "수근이!"다.

세상천지 어느 연예인이 이리 친근하게 이름을 불린단 말인가? 그것도 시골 장터에서, 칠순이 지난 할머니로부터…, 난 이날 큰 충격을 받았다. 내가 하고 있는 일이 생각보다 큰 일이구나. 그리고 정말 많은 분의 사랑을 받고 있구나. 작가 생활을 시작한 이후 가장 행복한 날이었다.

방송일 _ 2009. 9. 6 ~ 13

촬영지 _ 경북 예천군 회룡포마을

에피소드 _ 대한민국 여행작가가 추천한
가장 아름다운 여행지 경북 예천군 회룡포마을!
시간이 멈춘 것 같은 그곳에서 만드는 새로운 추억.
추억을 찾아 떠나는 <타임머신 여행>.
7080에게 아련한 추억과
뜨끈한 감성을 선물한다!

02

추억을 짜는 참기름 집에서

터진 시청률 30%

〈경북 예천〉

'아, 망했다….'
경북 예천편 촬영이 끝나고,
사실 우린 절망했다.
촬영이 너무나도 재미없었기 때문이다.
물론 애초에 테마를 '7080 추억 여행'으로 잡아서
웃음은 절반쯤 포기한 기획이었지만
그래도 최소한 촬영장에서
빵 터지는 웃음 포인트 몇 개는 있어야 되지 않나?

그런데 이건 뭐,
낫싱nothing이다.

망했다 생각한 촬영,
두려운 후폭풍

날씨는 어김없이 폭염인 데다 재래시장에서도, 참기름집에서도, 용궁역에서도 정말 웃음기라고는 하나도 없는 담백한 촬영의 연속이었다. 처음 기획할 때는 자신만만했다.

'시청자들도 오랜만에 제유소, 술도가 이런 풍경을 보고 싶을 거야.' '레이스가 포인트가 아니라 참기름집, 간이역 같은 소프트웨어에 집중하자고!' 이런 생각이었다. 하지만 정작 촬영을 하고 보니 이건 해도 해도 너무한 용가리 통뼈 기획이 아닌가 싶었다. 누구 말마따나 명색이 충성 없는 전쟁터의 최전방인 버라이어티에서 1시간 가까이 참기름을 짜질 않나 막걸리를 만들며 오디오 하나 없이 뽑기를 하고 있으니, 내가 미쳤지 싶었다.

시청률에 대한 기대는 완전히 접었다.
다가오는 월요일이 두려웠다.

📷 1박 2일 추억의 장소
용궁역

1970년대만 해도 동대구행 비둘기호를 타기 위해 사람들이 북적거리던 곳. 역무원이 없는 무인역으로, 기차는 하루 6번 정차만 한다. 최근엔 경북 관광 순환 테마 열차가 생겨 주말에만 2회 용궁역을 지난다.

주소 경북 예천군 용궁면 읍부리 336

◉ 1박 2일 추억의 장소
시장제유소

방송에 나온 참기름집은 그냥 멤버들이 미션을 수행하다 우연히 들른 곳으로 주소가 어딘지, 전화번호가 뭔지 우리도 모른다. 방송이 나가고 나서 유명세를 많이 탔다고 하던데. 사장님~ 이 책 보시면 주소와 연락처 좀 가르쳐 주세요.

참기름집 하나로
폭발한 추억의 코드

인생이란 참으로 예측불허다. 시청률이 나오는 월요일 아침까지 기다릴 필요도 없었다. 방송이 나가자마자 일제히 호평 기사가 쏟아졌다. 네티즌들은 역대 〈1박 2일〉 중에서 최고의 에피소드라 칭찬했고, 방송에 나온 모든 가게와 물건이 검색어 1순위에 올랐다. 시청자들은 7080 추억 코드에 열광한 것이다.

이 열광 속에서 곰곰이 생각해 보니 〈1박 2일〉의 기획 의도는 원래부터 '아날로그'였다. 추억을 떠올리게 하는 힘, 아날로그인 것이다. 우린 그걸 이제야 제대로 보여 준 것이다. 화면에 나오는 소품 하나하나, 장소 한 곳 한 곳이 시청자들의 향수를 자극했고, 시청자들은 격하게 환영했다. 그리고 그중 최고는 단연 이름도 생소한 '제유소'였다. 옛 방식 그대로 깨를 볶고 기름을 짜는 참기름집, 사람들은 이 오래되고 허름한 참기름집에 집중했다. 그저 단순한 기름집일 뿐인데 사람들은 그곳에서 어린 시절을 떠올렸고, 어머니가 생각났으며, 향수를 꿈꿨다.

뇌에 새겨진
고소한 맛

마흔 살 안팎의 한국인이라면 누구나 기억하는 추억의 교집합이 있다. '샤파'라고 새겨진 삼각형 연필깎이, 28방이나 36방짜리 코닥·코니카 필름, 추운 겨울 엄마가 부엌에서 손 호호 불며 심지를 여러 번 좌우로 흔들어야 불이 붙던 석유 곤로…. 이 수많은 추억의 소품들 중에서도 가장 강렬하게 남아 있는 것이 있다. 그건 바로 입이 기억하는 것들이다.

우리 뇌에 '맛'으로 오롯이 박혀 있는 기억들은 쉽게 지워지지 않는다. 내겐 그중 1등이 '참기름'이다. 물론 참기름은 예나 지금이나 부엌에 건재하다. 호리호리하니 잘 빠진 병에 담겨 깔끔한 원터치 뚜껑을 달고 여전히 식탁에서 환영 받는 존재다. 하지만 난 예전의 참기름이 그립다. 연두색 소주병에 담겨 있고, 뚜껑은 왜 그렇게 잘 안 맞는지 아무리 조여도 뱅글뱅글 돌아 급기야 비닐을 덮어 노란 고무줄로 친친 동여맨 그 참기름 말이다. 어린 시절 엄마는 한 번도 참기름을 팍팍 넣는 법이 없었다. 항상 밥숟가락에 조심스럽게 따라서 나물에 딱 한 숟가락, 양념에 딱 한 숟가락 넣고는 이내 다시 꽁꽁 싸매기 시작했다. 비록 딱 한 숟가락이지만 참기름이 들어간 비빔밥은 이미 그냥 비빔밥이 아니다. 심심하던 비빔밥이 정감 있어지고 밥상 가득 고소한 향이 가득해진다.

맛을 보기 전에 이미 맛나다.

    지금 팔리는 참기름도 옛날 것과 다를 게 없어 보이는데, 100% 국산 참깨로 짰다고 선명하게 쓰여 있는데 왜 어린 시절 먹었던 참기름이 더 고소하고 맛있게 기억될까?
    맛에도 의식과 형식이 필요하다는 걸 간과했던 탓일까? 마트에 진열된 수십 개의 제품 중에서 골라 담은 참기름과 부엌 찬장 구석에 꽁꽁 숨어 있다가 엄마의 날카로운 눈길 아래 한 방울 한 방울 아껴 먹던 참기름의 맛이 어떻게 같을 수 있을까?

🍴 1박 2일 추억의 맛
박달식당

방송에 나가기 전부터 충분히 유명했던 집. 소창이나 대창을 사용하는 다른 지역의 순대와 달리 돼지 막창을 사용해 고소하고 국물 맛이 깊다. 무엇보다 국밥 한 그릇 가격이 단돈 3500원이다. 스타벅스 카페라테 한 잔 값보다 싸다. 말도 안 되게 싼 가격에 고기는 넘쳐난다. 이쯤 되면 예천 여행의 주인공은 순댓국밥집이라 할 만하다.

주소 경북 예천군 용궁면 읍부리 397-10
문의 054-652-0522
메뉴 순댓국밥 3500원, 순대 6000원, 모둠 순대(수육+순대) 6000원, 오징어 불고기 6000원, 밥 따로 국 따로 4000원

🍴 1박 2일 추억의 맛
토박이순대식당

현재 용궁면에서는 박달식당 외에도 5개의 식당에서 정통 용궁 순대를 판매하고 있다. 맛이나 가격이 거의 비슷해 어느 식당을 가더라도 크게 낭패 볼 일은 없다.

주소 경북 예천군 용궁면 읍부리 396-7
문의 054-653-6038

🍽 1박 2일 추억의 맛
용궁시장(장날 4·9일) 순댓국집 리스트

재래시장 안에 있어 분위기나 맛은 박달식당과 비슷하거나 취향에 따라 오히려 나은 집도 있다.

단골식당
주소 경북 예천군 용궁면 읍부리 299-2
문의 054-653-6126

흥부네 토종 한방 순대
주소 경북 예천군 용궁면 읍부리 153-4
문의 054-653-6220

오부자네 왕왕순대
주소 경북 예천군 용궁면 읍부리 160-3
문의 054-653-5885

🍽 1박 2일 추억의 맛
삼강주막

내성천, 금천, 낙동강이 합류하는 삼강변에 있어서 '삼강주막'이라 불린다. 1900년 전후에 지어졌다고 하니 100년이 넘은 주막이다. 옛날 과거시험 보러 나선 선비들이 문경새재를 지나 한양으로 가기 위해 반드시 거쳐야 했던 곳이 바로 이 삼강주막이다. 이 주막의 주인이자 마지막 주모인 유옥연 할머니가 타계하자, 2007년부터 예천군에서 복원해 지금처럼 운영되고 있다. 주막 부엌 벽에는 글을 몰랐던 유옥연 할머니가 암각화처럼 새겨 놓은 외상 장부가 아직도 그대로 남아 있다. 사람들이 가장 많이 찾는 메뉴는 '주모 한상'이다.

주소 경북 예천군 풍양면 삼강리 219
메뉴 주모 한상(배추전, 도토리묵, 생두부, 막걸리, 김치) 1만 4000원

추억은
힘이 세다

경북 예천군은 추억 여행을 떠나기에 정말 안성맞춤인 곳이다. 여행 전문가들이 꼽은 명당이기도 하려니와 재래시장과 간이역, 인공의 시설물은 아무것도 없는 모래사장까지 야생 그대로를 담기에 이보다 더 좋을 수 없다. 심지어 멤버들이 잠을 잔 회룡포마을 모래사장에는 화장실도 없었다.

용궁역 근처에서 시작해 회룡포마을까지 가는 길, 추억의 미션을 통해 추억 여행을 떠나는 게 메인 이벤트였다. 필름 카메라로 사진 찍기, 내비게이션 없는 자동차로 다니기, 뽑기를 해서 별 모양 따내기, 주막에 가서 한자 시험 보기. 바로 이 추억 여행 미션에서 시청자들이 빵빵 터진 걸까?

사실 우리는 YB들이 옛날 물건들을 이토록 잘 다룰지는 예상도 못 했다. OB들 중에 기계치가 있긴 하지만(호동 말이다), 그래도 옛 물건을 더 많이 다뤄 봤을 나이가 아닌가? 그러나 첫 미션부터 고정관념이 깨졌다. 필름 카메라로 사진 찍는 것은 말이 쉽지 자칫하면 호동처럼 카메라를 부술 수도 있다. 은초딩이 어째서 필름 카메라를 그렇게 잘 다뤘는지는 아직도 미스터리다.

내비게이션 없는 구식 자동차를 타고 길을 물어 물어 용궁역까지 가는 미션. 내비게이션이 없으니 자연히 사람들에게 물어본다. 얼굴 맞대고 손도 잡아 가면서 찾는 '온기'가 풍기는 휴먼 내비게이션이다. 드문드문 기차가 서는 역에서는 기다리는 시간이 길게 마련. 지루한 시간 달래라고 뽑기를 시켰다. 그 옛날, 집에서 엄마 몰래 해 먹다가 국자 태워 먹고 설탕 쏟아 버려 혼쭐이 나곤 했던 뽑기! 그런데 폭염 속에서 불을 켜고 뽑기를 하려니 다들 마음은 급하고 뜻대로 되지 않는다. 승부욕이 유달리 강한 몽이는 홀로 그늘에 앉아 뽑기 잘라 내기에 심혈을 기울였다. 뽑기가 뭐라고…. 그래도 집중하는 표정을 보니 웃음이 났다.

**어릴 때 별 모양 뽑기에
목숨(?) 걸던 친구가 떠올라
웃음이 가시질 않는다.**

1박 2일 여행수첩
회룡포 마을

낙동강 강물이 350도로 마을을 휘돌아 흐르는 물돌이 마을로, '육지 속 섬마을'이라고도 부른다. 물이 맑고 모래밭도 넓어 반나절 정도 사진 찍고 놀기에 딱 좋다. 이왕이면 여름보다 봄, 가을에 찾는 것이 좋다. 물론 내비게이션에 '회룡포'라고 찍으면 곧장 갈 수 있지만 그 방법은 추천하고 싶지 않다. 〈1박 2일〉에서 멤버들이 한 것처럼 일단 '회룡대'라는 전망대에 들러서 눈으로 직접 호룡포를 감상한 다음 마을에 입성하는 것이 좋다. 이왕이면 자동차도 강 옆에 살포시 세워 놓고 드라마 〈가을동화〉의 은서와 준서처럼 '뽕뽕다리'로 걸어 들어가기를 강력 추천한다. 여기서 톱 시크리트 하나! 회룡포 마을은 회룡대에서 보는 것도 굉장히 아름답다는 사실!

주소 경북 예천군 용궁면 향석리 154
문의 054-653-6696

지금 아이들은
어떤 맛을 기억할까

OB들은 예정이 없던 막걸리 양조장 견학을 떠났다. 그래, 뭐 사실 여행의 묘미란 이런 게 아닌가! 눈길 닿는 대로, 발길 닿는 대로 따라가는 것 말이다. 원래 시장을 구경하고 가야 하는데, 술 좋아하는 OB들의 눈이 '양조장'이란 글자를 잡아채고야 말았다. 날카로운 눈썰미 같으니라고! 옛날에는 한 마을에 적게는 10개, 많게는 40개가 넘는 양조장이 있었다. 서울 사는 사람들은 30, 40대만 해도 잘 모르지만 시골에 살던 사람들은 꼬맹이 때 막걸리를 받아 오는 심부름 한 번쯤 한 기억들이 있을 것이다. 지금이야 맥주, 소주, 와인에 밀려 막걸리가 촌스러운 음식이 됐지만, 옛날엔 그냥 술이 아니었다. 우리 할머니는 막걸리로 종종 '술떡'을 만들어 주셨다. 한여름, 밀가루 반죽에 막걸리를 조금 넣어 방 안에 넣어 두면 절절 끓는 바깥 날씨에 반죽은 저절로 발효되었다. 술이 들어가긴 했지만 알코올 기운은 하나도 없는 술떡. 애들이 먹어도 전혀 취하지 않는(!) 술떡. 지금도 막걸리를 보면 할머니가 한여름에 만들어 주셨던 술떡이 생각난다. 요즘 길에서 파는 술떡은 그 술떡이 절대 아니다!

📷 1박 2일 추억의 장소
용궁양조장

막걸리를 만들기 시작한 지 200년 된 곳. 막걸리 맛이 기똥차다. 술 못 마시는 내 입에도 요구르트처럼 달콤하고 알싸하다. 게다가, 무엇보다도, 막걸리 한 병 가격이 고작 1000원! 기립박수라도 쳐 주고 싶다. 단돈 1000원이면 우리나라 정통 술도가에서 갓 만든, 효모 듬뿍 들어 있는 탁주 한 사발을 맛볼 수 있다. 그러나 유통 기한이 3일밖에 안 되기 때문에 도시로 유통하기는 불가능하다고. 그저 두 발로 직접 방문해야만 맛볼 수 있다.

폭풍처럼 쏟아지는 음식의 홍수 속에서 이젠 그 옛날에 흔했던 맛을 향한 신성한 의식과 형식은 필요 없어졌다. 엄마 몰래 커피 프림을 퍼 먹다 들키는 일도 없고, 귀한 분홍 소시지를 아껴 먹을 필요도 없다. 맛에서 이야기가 사라져 버린 것이다.

문득 궁금하다. 지금의 10대들은 중년이 되면 어떤 맛을 기억할까? 친구와 먹은 크라제버거? 승기가 광고하는 피자헛? 하긴 이것도 고정관념이다. 이들에겐 크라제버거와 피자헛이 노스탤지어가 될 수도 있는데 말이다. 추억으로 떠나는 여행은 그렇게 눈으로 보는 것으로 시작해 발로 달리고, 손으로 만들며, 입으로 맛보고, 머리를 쓰다가, 결국 마음을 흔드는 데서 멈추었다.

마음을 흔드는 자리,
거기가 바로 추억 여행의
종착역이 아닐까?

방송일 _ 2009. 5. 3 ~ 10

촬영지 _ 경북 영양군 기산리

에피소드 _ 누구에게나 여행에 대한 첫 번째 기억은
부모님의 손을 잡고 찾아간
할머니와 할아버지 댁이 아닐까?
생애 첫 여행, 그 아련한 추억을 찾아간다.
구불구불 산길을 따라 추억을 찾아,
고향을 찾아 떠나는
1박 2일 특집 〈집으로…〉

03

떠나온 나의 고향

집으로 돌아가다

〈경북 영양〉

회의, 답사, 회의, 답사, 회의,
그리고 촬영 순으로 이뤄지는 〈1박 2일〉.
한마디로 뺑뺑이를 돌린다.
누구를? 작가들을! 어디로? 전국 오지로!
후배 작가들은 1회 분의 방송을 위해
최소 두 번에서 많게는 네 번까지 지방으로 답사를 다닌다.
일주일에 이삼 일은 차를 타고
낯선 곳으로 떠나
험한 산길을 걷거나 간혹 험한 꼴도 당한다.
그래도 나는 약해지면 안 된다.

스타 크래프트에서
어택 땅을 찍듯
후배들을 또 출장 보낸다.

오지 중
오지를 찾아서

　〈집으로…〉 편이 촬영된 경북 영양군 기산리는 원래 '0번 버스 타고 여행하기' 테마를 촬영하기 위해 찾아낸 곳이었다. 흙먼지 풀풀 날리며 시골길을 달려가는 시골 버스의 푸근한 이미지, 그 속에 몸을 실은 사람들의 살 냄새 나는 이야기를 들어보고 싶어서 이곳을 선택했다. 영양군 중에서도 기산리 마을은 5일장이 서는 장날에만 버스가 오가며, 휴대폰도 되지 않는 곳. 그야말로 오지 중 오지다. 0번 버스 타고 여행하기라는 콘셉트에 딱이었다. 그런데 답사를 다녀온 후배들이 사무실로 돌아와 회의를 하는데, 다들 눈빛이 2%는 착해져 있었다.

　이야기를 들어보니, 오지 마을의 매력은 그곳에 살고 있는 사람들에게서 비롯된다는 걸 깨달았다.

너희들의 눈빛을 믿는다.
이번 콘셉트는 〈집으로…〉다!

작가들이 먼저 촬영한 〈집으로…〉,
사실 우리가 첫 번째 손주들

답사를 다녀온 후배들에게 무슨 일이 있었냐고? 어느 집에서 어떻게 하룻밤을 묵을지는 작가들이 먼저 자 봐야 감이 선다. 대뜸 할아버지, 할머니들이 사시는 집에 들어가 이러저러 하니 하룻밤 재워 주세요 했는데도, 세상에 우리가 사기꾼이면 어떡하려고 별로 주저하지도 않고 선뜻 그러마 하신다. 〈1박 2일〉 팀이라는 것을 숨기고 계속 이것저것 질문을 드렸는데 그래도 방송사 냄새가 폴폴 나는지 연신 물어보신다.

"〈6시 내 고향〉에서 나왔제?"
"손심심은 언제 오노?"

아니라고, 그냥 학생이라고 몇 번을 말씀드려도 이미 어르신들은 우리를 〈6시 내 고향〉 촬영팀이라고 믿어 버리셨다. 여자 후배 중 키가 큰 선혜는 리포터로 당첨되어 "이쁜이 샥시"로 불렸고, 키가 작은 미현이는 졸지에 북 치는 처자로 선정되었다. 그나마 여자 후배들은 방송사 직원으로라도 보지, 남자 후배 재영이는 근청에서 나온 주사인 줄 아시고 재영이만 보면 계속 농약 언제 주냐고 채근하셨다.

후배들은 낮엔 어르신들의 일을 돕고 느지막이 일어나 아침을 먹었다. "한 술 뜨라~. 뭐 촌구석이라 찬이 읍다." 없기는요, 어르신! 이건 천연 유기농 웰빙 밥상이잖아요. 곰취는 부드럽게 데쳐져 먹어 주기를 간절히 바라고 있고, 언제 따셨는지 살짝 데친 두릅이 초장과 함께 가지런히 놓여 있는걸요. 젊은애들이라 반찬이 입맛에 안 맞을까 봐 달걀 프라이까지 해 주셨는데, 찬이 없다니요! 마음 여린 재영이는 이미 수도꼭지 주의보다. 어느 날 갑자기 찾아와 무작정 하룻밤 신세를 지는 것도 죄송스러운데, 어르신은 도리어 그저 심심한데 찾아와 말동무 되어 주어 연신 고맙다고 말씀하신다. 우리 정말 아무것도 한 게 없는데.

도시에선 상상할 수 없는
기적 같은 〈1박 2일〉

촬영 당일, 멤버들은 놀라고 또 놀랐다. 서울에선, 아니 이제 웬만한 읍내에서도 상상할 수 없는 일이 일어났다. 김C와 지원이가 동네 슈퍼에서 선물을 사려고 했는데, 주인 할아버지는 물건 값을 정확히 모르신다. 10원까지 정확히 계산하고, 얼마를 할인해 주네 덤으로 뭘 주네 마네 따지는 깍쟁이 서울에선 생각도 할 수 없는 일이다. 지원이는 난생 처음 '두릅'이 뭔지, 어디에서 채취하는지, 어떻게 먹는지 알게 됐다. '국민일꾼' 수근은 능숙하게 밭일을 도와드리고, 할아버지 할머니를 웃겨 드리려고 각종 몸 개그를 선보였다. 저녁밥을 하려고 시장에 나갈 필요도 없다. 읍내까지 나가야 나오는 시장 대신 문만 열고 나가면 보이는 텃밭에 싱싱한 채소들이 지천에 널려 있다. 초딩 입맛 지원이 두릅을 맛보고 "예술이야" 라고 감탄한다. 집에서 담근 된장으로 된장찌개를 끓여 낸 몽이에게 식구가 몇인지, 승기에게 고향이 어딘지 조곤조곤 물어보시는 할머니. 촬영하느라 밥상 앞에 서 있기만 한 VJ에게 밥 같이 먹자고 챙기는 어르신들. 지나가는 손님에게 그저 따뜻한 밥 한 끼 먹이는 게 행복하고 흐뭇한 우리네 할아버지, 할머니의 모습이다.

　　어르신들이 정성 어린 밥 한 끼, 따뜻한 손길로 맞아 주시자 멤버들은 온몸으로 화답했다. 몽이와 승기는 할머니 한 분만을 위한 미니 콘서트를 열어 드리고, 호동과 수근은 지원의 소원권으로 다음 날 뭐든 사 드리겠다며 인심을 팍팍 쓴다. 기상 미션으로 어르신들과

함께 사진 찍기를 건 것도, 떠나기 전에 어르신들에게 아침상을 차려 드린 것도 흐뭇한 풍경이다.

사실 이런 그림은 이전에 없었던 새로운 그림이 아니다. 그러나 우리 주위에서 점점 사라져 가는 이 풍경들이 놀랍게도 우리를 감동시켰다.

어쩌면 〈집으로…〉 편에는 우리가 가장 인간다워지는 요소,
가장 원초적인 '사랑'이 있었기 때문이 아닐까.

집으로…
갑니다

우린 처음부터 〈집으로…〉의 콘셉트에 그 어떤 장치나 설정도 투입할 생각이 없었다. 유일한 게임이라고는 스피드 퀴즈 정도고, 그냥 시골집에서 어르신들과 함께 밥 먹고 TV 보고, 일 도와드리는 정도, 그게 구성의 전부였다.

강호동과 이수근은 마을의 큰어른이자 지금은 최고의 스타가 되신 노인 회장님 댁에, 이승기와 MC몽은 거산댁 할머니 댁으로, 그리고 김C와 은지원은 부녀회장님 댁으로 발령이 났다. 멤버들이 어르신들과 빨리 친해지고 동화되기 위해 최대한 방송 촬영이라는 분위기를 주지 않으려 노력했다. ENG 카메라(큰 카메라)나, 조명, 오디오 등 장비들을 거의 대부분 없앴다. 대신 6mm 카메라 1대, 스태프도 1~2명으로 최소화했다. 기타 모든 촬영 장비, 스태프는 마을회관에 감금하고 아예 집 밖으로 나오지 못하게 했다. 한마디로 정신 사나우니까. 우린 이 고요한 마을에 그 어떤 북적거림이 생기는 것도 원치 않았다.

할아버지가 고추밭에 가시면 고추밭에 따라가고, 논에 물 대러 가시면 같이 가서 물 대고, 식사하시면 함께 밥 먹고, 이게 전부다. 할아버지가 텃밭에 키우시는 고추처럼 최대한 농약을 치지 않고 담백하게 그분들의 일상 안으로 침투했다. 다행히 멤버들은 금세 적

응했고 마치 오래된 가족처럼 허물 없어졌다. 이게 단 하루 만에 가능하냐고? 가능하다. '깡깡' 시골에서 사시는 어르신들은 항상 사람이 그립다. 거산댁 할머니께는 손주들이 있지만 하루하루가 외롭고 적적하다. 노인 회장 할아버지는 할머니가 늘 옆에 계시지만 오늘 하루도 어제와 똑같다.

산마루에 홀로 떨어져 사는

부녀회장님은

객지 나간 자식들이 항상 보고 싶다.

🏠 1박 2일 여행수첩
기산리 마을

그야말로 청정 지역, 조용하고 고요한 오지 마을. 최적의 교통 수단은 승용차다. 영양 여행을 왔다가 아련한 시골 풍경이 보고 싶다면 잠시 들러 보길 추첸

주소 경북 영양군 영양읍 기산리

이수근의 눈물로
기사회생하다

　　어르신들의 일상에 다 큰 여섯 장정들이 하룻밤 묵어 가는 일은 유쾌한 사건이다. 이건 뭐, 너무 아낌없이 퍼 주고, 반가운 마음도 숨기지 않는다. 멤버들도 마찬가지다. 서울 사람 중에서 객지 생활 안 하는 사람이 있나? 어르신들 모습에 부모님의 얼굴이 겹쳐진다.

　　이튿날. 점심을 못 먹여 보내서 어쩌느냐며 먼저 눈시울을 붉히시는 노인 회장 할아버지 때문에 '아, 이러면 안 되는데. 나도 눈물이….' 이렇게 되어 버렸다. 아니나 다를까 카메라 너머로 보이는 수근의 눈에도 눈물이 뚝뚝 흐른다. 돌아가는 차 안, 수근에게 전화를 했다.

아깐 왜 울었어?
갑자기 고향 떠나던 때가 생각나서….

　　결국 〈집으로…〉는 우리 부모님의 이야기, 내 이야기였다. 방송이 나가고 블로거 하재근 씨가 이런 글을 썼다. '1박 2일, 이수근의 눈물로 승천하나.' 아마 시청률 이야기였을 것이다. 하지만 정작 기사회생한 건 나의 스러져 가던 감성이었다. 지금도 한 번씩 생각나는 마을 기산리, 가뭄에 콩 나듯이 전화를 드리면 반갑게 받아 주시는 어르신들. 오래오래 건강하시길 바란다.

우정's Memory 1 · 〈1박 2일〉 탄생비화

아날로그 감성 폭발하는
프로그램 하나 만들자!

노가다 현장, 일요 예능 프로그램

방송 3사 예능 프로그램의 랜드 마크 하면 공히 일요일 예능 프로그램을 꼽을 것이다. 러닝 타임만 무려 150분이 넘고, 투입되는 PD와 작가 수만 30명에 달한다. 들이는 품이야 어디 영화만 하겠느냐마는, 그래도 매주 영화 한 편 분량의 방송을 만들어 내려니 PD와 작가들은 항상 아이디어에 허덕이고 시간에 쫓긴다. 노가다 중 상 노가다가 바로 일요일 예능 프로그램이다. 그나마 다행인 건 방송사가 이 노동집약적인 일요일 예능 프로그램을 매우 중요하게 생각한다는 것. 다른 시간대 예능 프로그램이 아무리 잘나가도 일요일 예능 프로그램이 부진하면 예능국 전체가 우울하다. 집안의 큰형 같다고나 할까? 동생들이 아무리 출세해도 맏이가 변변찮으면 집안 분위기 전체가 우울한 것처럼 방송사도 마찬가지다.

〈1박 2일〉은 때론 웃음을, 때론 감동을 전하지만,
그 근본은 '여행 프로그램'이다.
사람들을 떠나고 싶게 하는
그 무엇인가가 있는 프로그램.
〈1박 2일〉을 만든 첫 번째 원칙은
바로 이것이다.
'여행을 하게 하자.'

게다가 시청자들의 집중력이 뚝 떨어지는 시간대라 시청률 잡기도 쉽지 않다. 일요일 오후 5시! 그때 우리 일상을 생각해 보면 TV 앞으로 시청자들을 데려오기가 얼마나 힘든지 짐작할 수 있으리라. 밥 먹는 사람, 밥 하는 사람, 밥 먹으러 나가는 사람, 밥 먹자고 전화하는 사람, 집들이 하는 사람, 집들이 가는 사람…. 일요일 예능 프로그램은 밥 먹다가도 보고, 친구랑 전화하다가도 보고, 집들이 하다가도 보는 프로그램이다. 그래서 일요일 예능 프로그램들은 처절하다. 물대포를 맞고 그것도 모자라 의자가 날아다닌다. 몰래 카메라는 기본이요, 집 고쳐 주고, 가게 내 주고, 대한해협을 건너기도 한다. 그렇다고 또 무조건 독한 아이템만 다뤄서도 안 된다. 온 가족이 함께 보는 시간대인 만큼 주제와 소재가 평이하고 보편적이어야 한다.

한마디로 감동과 재미, 두 마리 토끼를 모두 잡아야 한다. 참, 말은 쉽다.

역사적인 첫 회의 현장

그럼 감동도 잡고 재미도 잡을 수 있는 아이템으론 뭐가 있을까? 댄스로 신고식하고, 10초 안에 눈빛 교환하는 것은 이제 그만! 이 팀 저 팀 나눠서 게임하는 것도 박물관으로 가야 할 때. '감동' 토끼도 좋고 '재미' 토끼도 좋지만 일단 무조건 새로운 것을 하고 싶었다. 나 역시 버라이어티 프로그램 작가로 10년을 일하면서 이것저것 안 본 장면 없어 지겨운데 가만히 앉아 지켜보는 시청자들은 오죽하겠는가? 난 계속 '새로운 것은 없을까? 안 본 그림은 없을까?'만 생각했다.

첫 번째 회의 날, 구성안은 이미 안드로메다로 떠났고 다들 옛 얘기를 끄집어 내는 데 한창이다.

"너희들, 여름에 수돗가에서 펌프로 물 퍼서 등목하던 거 알아?"

"친구들이랑 다방구 하고 놀면 꼭 엄마가 저녁 먹으라고 부르지. 놀다 보면 슬슬 한두 명씩 사라져."

"우린 콘티찐빵하고 놀았는데…."

"겨울에 입었던 공갈 티 기억나? 왜, 몸통은 없고 목만 있는…."

프로그램이 되려고 그랬는지, 연출진 중에는 그 흔한 강남 사는 사람 한 명 없이 모두 지방 출신이었다. 취향과 습관, 식성까지도 정확히 '아날로그'스러웠다. 한 끼쯤 스파게티를 먹으려면 다들 입맛에 맞나 안 맞나 서로 얼마나 눈치를 보는지, 남자 PD들의 패션 센스는 닥스와 버버리를 겨우 구분할 정도며, 여자 작가들 식성은 카르보나라 스파게티보다 시래깃국에 환장하는 쪽이다.

카메라 앞에서 아날로그를 재현하자

그러다가 찾아낸 것이 바로 '아·날·로·그'다. 〈1박 2일〉을 기획하며 가장 먼저 떠올린 단어는 '여행'도 아니고, '야생'도 아니며, '복불복'은 더욱 아니다. 바로 이 '아날로그' 네 음절이다. 프로그램을 기획할 때 가장 먼저 하는 일은 뭘까? 출연자들에게 미팅을 시키겠다, 게임을 하자는 등의 형식을 정하는 것이 아니다. 프로그램을 관통하는 정서를 가장 먼저 정한다. 우리는 그 정서를 '아날로그'로 정했고, 아날로그 정서를 가장 잘 녹일 수 있는 형식, '여행'이란 콘텐츠를 접목시켰다.

여행은 아날로그를 담아 내기에 참 좋은 그릇이다. 서울 한복판, KBS 방송사 녹화장에서는 절대로 아날로그를 못 보여 준다. 우리가 생각하는 아날로그는 거창하고, 거룩하고, 심각한 것이 아니다. 어린 시절, 부모님이 살았던 시절을 엿볼 수 있는 작은 물건 하나, 아득한 추억을 떠올릴 수 있는 장소 한 곳 정도면 충분하다. 대나무로 만든 평상, 스댕(!) 그릇에 담아 온 찐 고구마만 있어도 우린 얼마든지 아날로그로 떠날 수 있다.

결론. 우리는 우리가 기억하는 이 모든 것들을 카메라 앞에서 재현해 보기로 했다. 다른 프로그램에서 질리게 우려먹은 369게임도 마당에 펼쳐 놓은 평상에서 하자, 늘 먹는 저녁밥도 양푼에 고추장이랑 나물 넣어 쓱쓱 비벼 먹자, 잠도 두꺼운 호청이불 다 함께 덮고 자자. 이런 식이다. 아날로그로 꾸민 미장센에 연예인을 밀어 넣고 그들이 우리와 같은 이야기를 해 주기를 빌었다.

우정"s Memory 2 · 첫 방송의 추억
전국 팔도에서 가장 포스 있는 느티나무 찾기

첫 촬영은 꼭 느티나무 앞에서 하겠어

시골 마을의 랜드 마크는 느티나무다. 마을의 공식 회의실이요, 레스토랑이자 커피숍, 그리고 오가는 그 누구든 확인 가능한 사설 관제탑이다. 저녁때가 되면 약속이라도 한 것처럼 마을 사람들이 한두 명씩 자연스럽게 느티나무 아래로 모여든다. 그리고 이들의 손에는 옥수수, 수박, 감자, 뭐 이런 것들이 꼭 하나씩 들려 있다. 끝나지 않을 것 같은 수다는 대충 9시 뉴스가 시작할 때쯤이면 하나둘 일어나며 자연스럽게 종료. 그냥 단순한 나무 한 그루일 뿐인데 이 느티나무, **참으로 대단하다.** 스타벅스 못지않은 최고의 약속 장소이자 타임스퀘어 저리 가라 할 최대의 복합 휴식 공간이니 말이다. 당연히 이런 느티나무 아래가 〈1박 2일〉의 첫 촬영지가 되어야 했다.

장소 헌팅 전문가도 포기한 느티나무

"선생님, 적어도 지름이 1m는 되어야 하고, 가지가 울창하게 좍좍 퍼져 있으며, 이파리는 침엽수보다 활엽수여야 하고, 매미가 울되 50dB 정도의 소음이고, 5m쯤 옆에는 작은 텃밭이 있어 상추와 고추를 언제든지 딸 수 있으며, 어른 걸음으로 약 열 발짝만 걸으면 시멘트로 포장한 수돗가가 있고, 민가는 조금 떨어져 있어 촬영 때 아무리 떠들어도 방해가 안 되는, 영화 〈은행나무 침대〉에 나오는 그 은행나무처럼 한눈에 딱 봐도 '우와~' 소리가 터져나오는 바로 그런 느티나무요!"

그 선생님 일주일 만에 포기했다. 우린 용단을 내렸다. 직접 찾자!

재영	선배, 그냥 맨땅에 헤딩합시다.
나	응?
재영	차 타고 그냥 아무 시골에나 가자고요.
나	그래도 되니? 나 아까부터 그 말 하고 싶었는데, 너희들한테 미안해서.
나영석 PD	전국에 느티나무가 4만 9000그루는 될 텐데, 그중에서 언제 찾아?
나	찾을 수 있어.
나영석 PD	…우정아, 꼭 느티나무 아래라야 한다니?
작가들	(끄덕끄덕)
나영석 PD	예쁜 시골 마을부터 정하면 안 되겠니?
작가들	(도리도리)
나	느티나무가 먼저고, 시골 마을은 그다음이야. 그 나무 아래에서 무조건 등목하고 밥 먹어야 해.
나영석 PD	그럼… 갔다 와.

느티나무를 찾기 위한 삽질 백만 번

밥을 해 먹든 게임을 하든 잠을 자든 무조건 느티나무 아래서 하고 싶었다. 그런데 전문가도 포기한 내 맘에 딱 드는 느티나무를 어디에서 찾지? 일단 지역을 한정하기로 했다. 난 충청도로, 재영이는 경상도로 향했다. 우리들은 각자의 '감'을 믿고 철저히 고속도로에서 국도로, 국도에서 지방도로, 지방도에서 농로로 빠졌다. 그렇게 이틀 정도 시골을 헤맸지만 마음에 쏙 드는 느티나무는 없었다. 그래도 느티나무를 찾는 요령은 생겼다. 바로, 무조건 주민들에게 물어보기. 무식한 방법이지만 정공법이었다. **느티나무를 한 100그루쯤 보고 난 뒤 충북 영동의 한 포도밭을 지날 때 우리는 메시아를 만났다.**

역사적인 첫 회를 찍은 장소

"여기서 조금만 가면 드라마 〈포도밭 그 사나이〉를 찍은 마을이 있는데, 거기 느티나무가 죽이지."

아! 왜 그 생각을 못 했을까? 영화나 드라마 로케이션 장소를 기본으로 찾았으면 훨씬 쉬웠을 텐데. 그 말을 듣고서야 이 깨달음을 얻었으니, 우리도 참 아날로그스럽긴 하다. 그래서 찾아간 곳이 〈1박 2일〉 첫 회 촬영지인 충북 영동군 원촌리 마을이다. 우리가 원하는 딱 그 느티나무가 바로 거기에 있었다.

1박 2일 추억의 장소
느티나무

서울에서 2시간 거리, 느티나무의 포스는 단연 최고. 오만석, 윤은혜 주연의 KBS 드라마 〈포도밭 그 사나이〉 촬영지이기도 하다.

주소 충북 영동군 영동읍 원촌리 마을회관 (마을회관 바로 앞이 느티나무)

Photo Essay

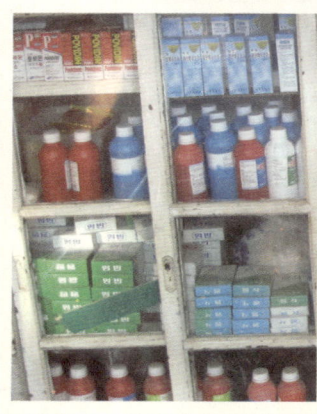

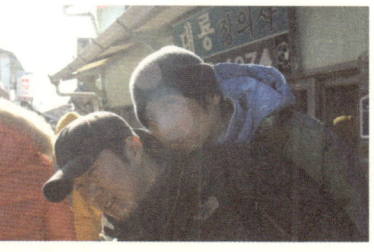

방송일	_	2009. 5. 17 ~ 31
촬영지	_	전남 나주시
에피소드	_	나주, 어디까지 가 봤니?

볼 것도, 먹을 것도, 즐길 것도 많고 모든 것이 넉넉한
고장 '전남 나주'를 하루 만에 돌아본다!
나주의 푸른 들과
아름다운 영산강을 배경으로 펼쳐지는
나주 복불복 레이스!
나주 땅이 낳고 키운 모든 것이 담긴
나주곰탕 한 그릇을 위해
달리는 여섯 남자!

04

초딩 입맛도 사로잡은

나주곰탕과 극과 극의 맛 홍어

〈전남 나주〉

초딩의 아이콘 은지원,
청담동 촌놈 MC몽,
의외로 이수근, 라면 광 김종민.
딱 초등학교 5학년 수준의 입맛을 가졌다.
라면, 자장면, 소시지, 고기 뭐 이런 음식에는
목숨 걸고 덤비지만 조금이라도
수상하게 생긴 음식이 나오면 일단 얼음이다.
그러곤 잔뜩 경계의 눈빛을 보내다가
킁킁대며 냄새를 맡기 시작한다.
먹기 싫은 폼이다.
그래도 명색이 그 지역 특산물인데 맛있게 먹는
리액션을 해 줘야 그 지역에 도움이 될 게 아닌가?

카메라 앞에서 제작진이 도끼눈을 뜨고 째려보면
마지못해
눈곱만큼 뜯어 먹는다.

어른 입맛
vs. 초딩 입맛

〈1박 2일〉 멤버를 구분하는 방법은 여러 가지가 있다. 유부남 vs. 총각, 가수 vs. 코미디언, 지식인 vs. 섭섭이. 하지만 이런 것보다 확실하고 정확한 구분법이 있다. 바로 어른 입맛 vs. 초딩 입맛. 이것은 촬영할 때마다 정확하다. 한 치의 오차가 없다. 어른 입맛의 리더는 강호동 되겠다.

강호동은
날아다니는 건 비행기,
육지에서는 의자 빼고는
거의 다 먹는다.

그중 가장 좋아하는 음식은 '회'다. 회는 누가 옆에서 말리지 않으면 동해의 어장 하나만큼 먹는다. 회뿐 아니라 홍어, 소라, 멍게, 도루묵, 양미리, 젓갈 등 그야말로 전국구 식성이다. 그다음 어른 입맛은 이승기다. 외가가 속초라 그런지 역시 회에 강하다. 강호동과 더불어 멤버 중 유일하게 자연산 광어와 양식 광어를 구분하는 혀를 가졌고, 나이에 안 맞게 내장탕, 우거지탕, 젓갈 이런 것도 좋아한다. 마지막 어른 입맛은 김C인데, 사실 김C는 음식에 큰 관심이 없다. 먹는 데 별 의미를 두지 않고 먹는 행위 자체를 귀찮아하는 스타일이다. 그러하니 음식 자체에 호불호가 없다. 아무 음식이나 그냥 주는 대로 무덤덤하게 먹는다.

이런 어른 입맛 셋과 달리 레알 초딩 입맛을 가진 자들이 있다. 초딩의 아이콘 은지원, 청담동 촌놈 MC몽, 의외로 이수근, 라면광 김종민이 바로 그들인데, 이들은 딱 초등학교 5학년 수준의 입맛을 가졌다. 라면, 자장면, 소시지, 고기 뭐 이런 음식에는 목숨 걸고 덤비지만 조금이라도 수상하게 생긴 음식이 나오면 일단 얼음이다. 멤버들의 극단적인 입맛. 이런 멤버들의 음식 취향을 한꺼번에 보여 주는 방송이 바로 〈전남 나주〉 편이다. 〈전남 나주〉 편에는 극단적 취향을 보여 주는 음식 두 가지가 동시에 등장하는데 바로 나주곰탕과 홍어 정식이다.

대한민국 사람이라면
누구나 좋아할 나주곰탕

나주곰탕은 그야말로 돌잡이부터 100세 어르신까지 누구나 좋아할 만한 평이하고 보편적인 맛을 가졌다. 소위 '쌀밥에 고깃국'이라고 말할 때 바로 그 고깃국의 표준 맛이다. 나주곰탕 앞에선 어른 입맛, 초딩 입맛의 구분이 없다. 감히 단언하건대, 한국인이라면 100% 좋아할 것이다.

여행은 역시 먹는 것! 여행 계획이 별건가? 무조건 맛있는 집 찾아 떠나는 것도 여행의 방법 중 하나다. 맛있는 집 찾아가면서 수다, 먹으면서 수다, 먹고 나서 수다, 그리고 다음엔 뭐 먹을까 토론하는 수다. 이런 여행도 굉장히 재미있다. 작가들끼리 틈만 나면 하는 말이 "역대 촬영지 음식 중에서 뭐가 제일 맛있었어?"인데, 이때 언제나 톱 5에 드는 음식이 바로 나주곰탕이다. 내 개인적으로 역대 촬영지 음식 중 가장 맛있던 음식이기도 하고.

나주곰탕의 특징은 일반 곰탕과는 달리 '맑은 곰탕'이라는 것이다. 그리고 밥 반, 고기 반이라 할 정도로 어마어마한 고기의 양이다. 국물은 맑고 진하면서도 개운하며, 고기들은 푸짐한 양만큼이나 부드러워 따로 수육을 시킬 필요가 없다.

🍴 1박 2일 추억의 맛
하 얀 집

사전 답사 때 먹어 보고 만장일치로 "이번 나주 촬영의 주인공은 곰탕이야"라는 결정을 내리게 만든 집. 언론이나 현지에서 가장 많이 알려진 집으로, 맛과 서비스 모두 기본 이상이다. 최근 서울에 나주관이라는 이름으로 분점이 생겼다.

주소 전남 나주시 중앙동 48-17 (서울 분점: 서울시 강동구 성내동 444-2 E&T빌딩 1층)
문의 061-333-4292 (서울 분점: 02-6677-7766)
메뉴 곰탕 7000원, 수육 3만 원

🍴 1박 2일 추억의 맛
남 평 할 매 곰 탕

답사를 간 곳은 하얀집인데, 정작 촬영 때는 베이스캠프와 가까운 남평할매곰탕에서 곰탕을 공수했다. 곰탕의 맛과 양은 하얀집과 별 차이가 없다. 나 역시 이 두 개를 섞어 놓으면 절대 구분할 수 없다. 곰탕 속 고기가 굉장히 부드럽고 양도 많아 수육 곰탕 하나만 시키면 최상급 한우를 푸짐하게 즐길 수 있다.

주소 전남 나주시 중앙동 48-17
문의 061-334-4682
가격 곰탕 7000원, 수육 곰탕 1만 원, 수육 3만 원

🍴 1박 2일 추억의 맛

홍어 1번지

주소 전남 나주시 영산동 225-7
문의 061-332-7444
메뉴 홍어 정식 2만 5000원 (홍어 튀김, 홍어 무침, 홍어찜, 홍어전, 홍어 애국, 삼합 등 다양하게 있으니 고민하지 말고 그냥 홍어 정식을 시 키면 된다)

홍어를 먹는 자 vs.
홍어를 못 먹는 자

인간을 구분하는 새로운 기준, 홍어를 먹는 자 vs. 홍어를 못 먹는 자. 난 사람들이 대부분 홍어를 먹지 못하거나 싫어하는 줄 알았다. 냄새하며 생긴 거하며 쉽게 먹을 수 있는 음식은 아니지 않나? 아무튼 접근하기 쉽지 않은 음식이다. 하지만 홍어를 대하고 난 반응은, 그야말로 반전이었다. 스태프 중 대부분이 홍어를 좋아했고 방송이 나가고 나서도 많은 사람이 곰탕 못지않게 홍어에 관심을 보였다. 레알 초딩 입맛인 내게는 벌칙 음식인데, 어른 입맛을 가진 자들에겐 잔치와 축제의 음식이 바로 홍어다.

바다 고기 중에서 유일하게 삭혀서 먹는 음식, 홍어. 원래 홍어하면 흑산도를 떠올리는데, 흑산도 홍어는 회라고 생각하면 된다. 그곳은 홍어의 주산지이기 때문에 늘 싱싱한 홍어를 접할 수 있어 굳이 삭혀서 저장할 필요가 없다. 그래서 흑산도 홍어는 회로 먹는다. 반면 나주 홍어는 삭혀서 먹는 발효 음식이다. 흑산도에서만 잡히는 홍어가 300리 뱃길을 거쳐 나주에 닿았을 때, 홍어는 알맞게 삭아 있었다. 먹어 보니 그 맛이 또 독특했다. 나주 사람들, 그리고 점점 전라도 사람들까지 홍어를 먹기 시작했고, 이들은 홍어를 무치기도 하고 찌기도 하고 국에 넣기도 하면서 다양한 요리로 발전시켰다.

700년 전부터 지금까지
홍어는 전라도를 대표하는
잔치 음식이다.

죽어도 같이 죽고
살아도 같이 산다

집을 가장 오래 보존하는 방법은 뭘까? 그건 바로 사람이 사는 것이다. 그래서일까? 전라도에는 고택을 다시 걸레질하고 불을 때 후손들에게 내주는 경우가 많다. 목사내아는 그중 단연 최고의 시설과 분위기를 자랑한다. 문을 연 지 얼마 되지 않아 모든 침구가 뽀송뽀송하며 화장실과 샤워실 역시 깨끗한 편이다. 깔끔한 시설보다 더 훌륭한 것은 목사내아의 위치다. 나주 시내 한가운데 있어 코앞에 편의점, 빵집 등 없는 게 없다. 그리고 무엇보다 대문 열고 딱 스무 걸음만 가면 나주곰탕집이 있다. 목사내아를 중심으로 펼쳐진 나주 촬영에서 돋보인 것은 팀워크였다. 이날 여섯 명은 뭐든 함께했다. 미션도, 벌칙도, 식사도, 복불복도. 일단 낮 미션은 여섯 명이 나주의 볼거리, 먹을거리들을 체험하고 정해진 시간 내 나주 목사내아로 돌아오는 것이었다. 상이든 벌칙이든 여섯 명이 함께 받는다.

저녁밥 복불복은 나주곰탕 여섯 그릇을 걸고 6종 경기를 했다. 한 번 이기면 한 그릇씩 먹을 수 있다. 그런데 멤버들은 그 한 그릇을 얻으면 한 사람이 먹는 게 아니라 여섯 명이 나눠 먹었다. 하긴 그게 맞다. 여섯 명이 모두 좋아하는 나주곰탕을 누구만 주고 누구는 안 줄 수 있나.

잠자리 복불복은 원래 3 대 3 게임을 준비했다. 그런데 강호동의 긴급 제안이 이어졌다. 낮에 했던 미션들이 여섯 명이 모두 함께 통과해야 하는 것들이었으니, 여기서도 편을 가르지 않고 끝까지

여섯 명이 함께하겠다는 거였다. 즉, 밖에서 자도 다 함께 자고, 안에서 자도 다 함께 자겠다는 말. 그래서 낸 아이디어가 제작진과의 복불복이었다. 아무튼 같이 살고 같이 죽겠다는 이들의 바람대로 6 대 6 구기 종목 미션이 시작됐다. 결과적으로 다음 날, 낮의 미션에서 실패한 여섯 명은 모두 함께 벌칙을 받으러 벌교로 향했다.

사이 좋게
꼬막 2000개 캐러.

🌙 1박 2일 추억의 밤
목사내아 금학헌

목사내아는 전라남도 문화제 제132호로, 과거 나주목사가 실제로 살았던 살림집이다. 오늘날로 보면 사택이라고 할 수 있다. 시청에서 직접 운영하는 곳으로, 미리 예약하면 하룻밤 나주목사가 되어 대청마루를 독차지할 수 있다.

주소 전남 나주시 금계동 33-1
문의 061-330-8831
가격 나주목사 유석증 방 15만 원, 나주목사 김성일 방 15만 원, 인(仁)실·의(義)실·예(禮)실·지(智)실 각 5만 원

📷 1박 2일 추억의 장소
메타세쿼이아 길

〈1박 2일〉 멤버들이 바통을 건네며 싱그럽게 달리던 메타세쿼이아 길은 바로 전남산림환경연구소다. 원래 메타세쿼이아 하면 담양을 빼놓을 수 없는데, 담양의 그 길은 이미 MSG가 듬뿍 첨가되어 영 낭만이 없어졌다. 여행을 하면서 겪은 바, 번데기 장사가 들어서고 주차 문제로 싸움이 벌어지면 그곳은 더 이상 여행지가 아니다. 그냥 관광지라고 보면 된다. 반면 나주의 메타세쿼이아 길은 여전히 날 것이고 아직도 순수하다.

방송일 _ 2010. 9. 26 ~ 10. 3

촬영지 _ 서울특별시

에피소드 _ 서울의 밤이 아름다운 이유는
밤을 새워서 먹어도 다 먹을 수 없는 야식이 있기 때문이다.
우열을 가리기 힘든 서울의 모든 야식이 한자리에 모였다.
종로 '김떡순', 을지로 '골뱅이',
신당동 '떡볶이', 장충동 '왕족발' 까지.
그러나 당일치기 여행이기에
12시 '땡~' 하면 마법처럼 사라질 야식들!
서울 야식 총집합 복불복!

05

침이 꼴딱, 야식이 있어서

아름다운 서울의 밤

⟨서울특별시⟩

평소 분칠하는 인간들은
절대 믿지 않는다는
나름의 신조가 있었는데,
〈1박 2일〉 하면서 그 고정관념이 많이 흐려지고 깨졌다.
날 그렇게 만든 일등공신이 바로 MC몽이다.
이 친구는 왠지 닳고 닳았을 것 같은데 실상은 아니다.
카메라가 있든 없든 우리에게 하는 것,
동료들에게 하는 것, 스태프에게 하는 것,
길에서 우연히 만난 시민들에게 하는 것 모두 똑같다.
팀 내 궂은일도 항상 MC몽이 나서서 해결한다.
간혹 스태프가 멤버들에게 축가를 부탁할 때가 있다.
이럴 때도 MC몽은 간(?) 따위는 보지 않는다.
"내가 할게! 내가!" 이런 식으로 항상 먼저 나서 준다.

연출진 입장에서는
여우같지 않은 MC몽이
그저 고맙고 예쁠 수밖에 없었다.

결국 꺼내 들고 만
비장의 무기

그런 MC몽이 팀을 떠났을 때 청천벽력이었다. 축구로 따지면 미드필더요, 합창으로 따지면 베이스였는데, 그렇게 든든하게 받쳐 주던 친구가 하루아침에 사라졌으니, 그 황당함과 공허함은 이루 말할 수 없었다. 초라하게 다섯만 남은 멤버들. 설상가상으로 다음 촬영은 무조건 당일치기 여행을 가야 했다. 우린 자체 진돗개 1호 상황에 돌입한다. 여론의 부담은 엄청났다. 기자 백만 대군이 키보드 앞에 스탠바이한 채 시청률이 1퍼센트포인트라도 떨어지면 'MC몽 빠진 〈1박 2일〉 이대로 주저앉나!'라는 기사를 쓸 기세였다. 그 모든 우려와 걱정, 비난을 한꺼번에 날려 줄 진정한 한 방이 필요했다.

그리하여 결국 꺼내 든 카드가
대한민국의 수도, '서울'이었다.

사실 '서울'은 〈1박 2일〉 초창기부터 꼭 한 번 다루고 싶었던 비장의 카드로, 연출진이 나름 꽁꽁 숨겨 둔 최고의 카드였다. 언젠가 때가 되면, 인구 1000만 명이 거주하는 거대한 수도 '서울'을 여행지로 하자는 결의가 있었는데, 'MC몽 부재'와 '당일치기 여행'이라는 두 공격에 비로소 '서울'이란 카드를 뽑아 든 것이다. 식구가 굶어 죽기 일보 직전에 어머니가 짠~ 하고 꺼내 놓는 곗돈처럼 우리도 위기에 몰리자 단전에서부터 기를 끌어모아 서울이라는 한 방을 날린 것이다. 그리고 이게 제대로 먹혔다.

명불허전,
이래서 여기가 이 나라의 수도!

누가 600년 도읍지 아니랄까 봐 이건 뭐 자료 조사를 하면 할수록 방송거리 천지였다. 궁궐만 해도 경복궁, 창덕궁, 창경궁에 국보 1호, 보물 1호, 남대문, 동대문은 물론 4대문 모두 종로구에 있고 대학로, 동대문 시장, 종묘는 기본이요, 역사와 전통으로 방귀 좀 뀐다는 인사동, 삼청동은 그냥 일개 마을이고 청계천, 북촌은 평범한 거리일 뿐이요, 북악산, 인왕산, 청와대, 광화문 이 모든 것도 몽땅 종로구에 있다. 여행지들끼리 모여 오디션을 한다면 참가와 동시에 1등 먹을 곳이 바로 서울 종로구다. 파도 파도 계속 나와 아예 못 본 척 덮어 버리고 싶다는 경주 유물처럼 종로구가, 딱 그랬다. 방송에 소개하고 싶은 아이템이 너무나 많아 막판에는 슬쩍 모른 척도 했다. 그래도 방송에 담을 내용은 흐르고 또 흐르고 넘쳐흘렀다. 하긴 명색이 한 나라의 수도인데 이 정도쯤은 있어 줘야 '가오(?)'가 살지. 그렇다면 이렇게 많은 종로구 아이템을 어떻게 시청자들에게 조리 있게 잘 전달할 수 있을까? 우린 오랜 고민 끝에, 역시 엄청난 정보를 다이내믹하게 전달하는 데는 '찢어서 레이스'가 최고라는 결론을 내렸다.

5인 5색 종로구, 미친 존재감을 뽐내다 백사실계곡

은지원의 미션!
개·도·맹 중 하나와 사진 찍기

"종로 한복판에 계곡이 있다고? 뻥 치시네!" 하긴, 나도 처음에는 안 믿었다. 하지만 답사를 가 보니 진짜 졸졸졸 흐르는 계곡이 있고 개구리도 심심찮게 보였다. 물론 강원도 계곡처럼 수량이 많거나 초목이 무성하진 않지만, 어쨌든 주변이 온통 산으로 둘러싸인 정식 계곡이다. 실제로 가 보면 아주 조금 실망할 수도 있다. 주변에서 문화재 유적 공사를 하는 중이라 어수선하기도 하고 생각보다 계곡이 작아 속았다고 할 수도 있지만 여기가 서울 한복판임을 염두에 두면 뭐 그런 대로 나쁘지 않다. 더구나 백사실계곡으로 가는 길은 꽤 분위기 있고 볼거리가 다양해 반나절 즐기기에 손색없다.

📷 1박 2일 추억의 장소
백사실계곡

'서울의 비밀 정원'이라 불리는 곳으로, 조선 시대 오성과 한음의 주인공인 '오성', 백사(白沙) 이항복의 별장 터가 있어 백사실계곡이라 불린다. 서울 도심에 있지만 자연 생태가 잘 보존된 곳으로 일급수에서만 사는 도룡농을 포함해 버들치와 가재들이 서식하고 있어 보존가치가 높은 지역. 특히 고 노무현 대통령이 국회의 탄핵으로 직무 정지되었을 때 이곳을 찾았다가 "서울 한복판에 이런 곳이 있었느냐"며 찬사를 보냈고, 그 경치를 잊지 못해 자주 들렀다고 한다.

🍴 1박 2일 추억의 맛
자하손만두

인공 조미료를 쓰지 않는 그야말로 맑고 맑은 만두전골이 일품이다. 여름만두, 편수도 함께 먹어 보자. 오이와 고기가 절묘하게 어우러져 깔끔하고 담백한 맛이 훌륭하다.

주소 서울 종로구 부암동 245-2
문의 02-379-2648

클럽 에스프레소

깔끔한 만두를 즐겼으면 아래로 스무 걸음만 내려오자. 강북에서 가장 커피맛 좋은 곳이 기다린다. 우간다, 도미니카, 엘살바도르 등의 커피 농장에서 져온 커피 원두를 건물 2층에서 직접 로스팅해서 준다. 스타벅스나 커피빈보다 훨씬 맛있다.

주소 서울 종로구 부암동 257-1
문의 02-764-8719

동양방앗간

커피까지 마셨으면 다시 길을 건너자. 길 건너편, 마주 보이는 곳에 붉은 벽돌에 하얀 글씨로 '동양방아간'이라 쓰인 이층집이 보일 것이다. 말이 방앗간이지 사실 떡집이다. 쑥떡, 찹쌀떡, 인절미, 송편 등 다양한 떡을 파는데 오전에 거의 다 팔려서 오후에 가면 떡 구경하기 힘들다. 동양방앗간과 도로 사이에 작은 골목길이 있는데 이 길이 바로 백사실계곡으로 가는 길이다.

주소 서울시 종로구 부암동 환기미술관 근처
문의 02-379-1941

5인 5색 종로구, 미친 존재감을 뽐내다 광장시장

강호동 미션!
10가지 음식을 먹고 10가지 표정 짓기

10가지 음식을 먹고 10가지 리액션을 하라니! 잭 팟 터진 강호동! 이건 미션이 아니라 축복이다. 광장시장 하면 막연히 마약김밥의 성지 정도로만 알았는데 답사를 하면서 깜짝 놀랐다. 어떻게 한 시장 안에 이렇게 많은 종류의 식당과 메뉴가 있지?

🍴 1박 2일 추억의 맛
광 장 시 장

1905년 법원에 등록한 국내 최초의 상설시장으로 약 3000개의 상점이 있는 전통시장 포목점과 폐백용품으로 오늘의 명성을 얻었지만 먹을거리가 많은 시장으로도 유명하다. 대표적인 메뉴로는 녹두 빈대떡, 생선 매운탕(대구 매운탕), 순대, 돼지껍데기 등 돼지 부속, 생선 모둠회, 육회, 꼬마 김밥(마약김밥), 팥죽, 보리밥 등이 있다.

5인 5색 종로구, 미친 존재감을 뽐내다 북악산 성곽 길

이수근 미션!
총알 소나무 사진 찍기

경치 면에서, 희소성 면에서 북악산 성곽 길은 '종로구 특집'의 단연 백미다. '세상에! 서울 한복판에, 그것도 청와대 뒤에 이렇게 고풍스러운 성곽 길이 있을 줄이야!' 우린 이 성곽 길에 꽂혀서 종로구 특집을 기획했다 할 정도로 엄청난 기대와 준비를 했다. 하지만 촬영 허가 받기가 어찌나 까다로운지 촬영 전날까지도 이것 하지 마라, 저것 하지 마라, 여기에는 공문을 보내고 저기에는 직접 전화를 해서 허락을 받고…. 물론 군 초소가 있어 당연히 필요한 절차들임은 알지만 〈1박 2일〉 팀에게만 유난히 빡빡하게 구는 것 같아 내심 섭섭했다. 물론 촬영 당일에는 현장 군부대 분들의 적극적인 지원이 있었지만, 촬영 직전까지도 허가가 나오지 않아 여러 사람의 애간장을 태웠던 곳이 바로 이 북악산 성곽 길이다.

◉ 1박 2일 추억의 장소
북악산 성곽 길

조선 시대 성곽을 잇는 여러 길 중에서 청와대 뒤를 지나는 구간. 창의문에서 숙정문에 이르는 4.3km 구간으로 1968년 1·21사태 (김신조 사건, 1968년 1월 21일 김신조 등 31명의 무장공비가 청와대 습격을 목적으로 침투, 북한산에서 교전이 벌어졌다. 이때 소나무에 15발의 총탄 자국이 남게 되었고, 이후 총알 소나무라 불리게 된다. 이 사건 후 향토 예비군이 생기고 실미도로 유명한 684부대로 생겨났으니 그야말로 근대사의 산증인이라 할 수 있다) 이후 통제되다가 40년 만인 2007년 일반인에게 다시 개방되었다. 자연이 너무나 잘 보존되어 있어 오르다 보면 여기가 지리산인지 한라산인지 착각할 정도다.

5인 5색 종로구, 미친 존재감을 뽐내다 북촌 한옥마을

김종민 미션!
북촌 8경 사진 찍기

여행은, 간단히 말하면 공간의 이동이다. 매일 먹고, 자고, 일하는 공간에서 생경한 곳으로의 공간 이동. 그게 바로 여행이다. 남극을 가나, 양수리를 가나 여행이 주는 기쁨과 설렘은 비슷하다. 지금 살고 있는 생활 공간만 아니면 우리의 심신은 언제든지 들뜰 준비가 되어 있다. 나를 흥분시키는 낯선 곳으로의 이동. 이런 여행 방법을 약간 업그레이드한다. 바로 시간으로의 이동을 추가하는 것. 과거, 근대, 어린 시절. 그때 그 시절로 시간 여행을 떠나는 것이다.

이날의 타임머신은 지하철. 3호선 안국역 2번 출구로 나오면 곧바로 600년 전 서울과 마주하게 된다. 권세 좀 있는 양반들만 살았다는 북촌을 걷다 보면 '과연 내가 600년 전에 태어났다면 여기 한 번이나 와 보고 죽었을까?' 하는 생각이 절로 든다. 더불어 '우리네 양반님들 정말 멋진 집에 사셨구나' 하는 생각도.

📷 1박 2일 추억의 장소
북촌 한옥마을

청계천과 종로의 윗동네라는 뜻의 '북촌'. 계동, 가회동, 삼청동, 원동 일대를 지칭하며 경복궁과 창덕궁에 둘러싸인 한옥마을을 가리킨다. 이 동네는 조선 시대 지도와 비교해도 길이 비슷할 정도로 옛 모습이 많이 남아 있다. 내외국인을 위한 한옥 게스트하우스가 많다.

가는 길 지하철 3호선 안국역 1번 출구로 나와 감고당길로 올라가면 된다.
문의 02-3707-8388 북촌 문화센터 www.bukchon.seoul.go.kr

북촌 8경

북촌의 가장 아름다운 풍경 8곳을 지정. 그곳에서 사진 찍으면 가장 잘 나오는 지점마다 바닥에 'PHOTO SPOT'이라고 표시해 두었다. 한마디로 북촌 8경은 특정 지역을 뜻하기보다는, '이 지점에 서서 사진을 찍으세요'라는 표시. 미로 같은 북촌을 헤매다가 바닥에서 우연히 이 마크를 발견하면 고개를 천천히 들어 눈앞의 경치를 감상하자.

중앙동

방송에서 멤버들이 게스트하우스를 향해 걸었던 곳으로, 100년 전 근대화 시절 서울의 모습을 고스란히 간직하고 있다. 위치상 북촌 한옥마을과 거의 붙어 있어 자연스럽게 함께 돌아보게 된다. 드라마 〈겨울연가〉에서 주인공들의 고등학생 시절을 촬영한 중앙고등학교가 유명하고, 우리나라에서 가장 오래된 목욕탕인 '중앙탕'이 아직도 성업 중이다.

 5인 5색 종로구, 미친 존재감을 뽐내다 이화마을

이승기 미션!
꽃이 되고 천사가 되어라

우리도 방송에 나가면 유명세를 좀 치르리라고는 생각했지만, 어쩌면 세상에 추태도 그런 추태가 없었다. 이화마을은 민속촌도 아니고 관광 단지도 아니고 실제로 마을 주민들이 주거하는 공간인데, 어떻게 팬티 바람으로 뛰어다니고 고성방가와 같은 추행을 할 수 있단 말인가. 정말 고개가 저절로 숙여지고 마을분들에게 죄송스럽다. 오죽했으면 날개를 그린 화가가 제 손으로 그림을 지웠을까. 이 무슨 민폐란 말인가. 현재 날개 벽화는 왕십리 광장으로 옮겨졌다. 공공의 그림은 공공의 것이다. 잠시나마 비상의 상상을 하기 위해선, 오랫동안 화가의 작품을 감상하기 위해선 공공의 노력이 필요하다. Please!

◉ 1박 2일 추억의 장소
이화마을

좁은 골목과 옛 서울의 모습을 그대로 간직한 건물들이 아직도 많고 2006년 '공공낙산프로젝트'로 70여 명의 젊은 화가가 계단과 벽에 그림을 그리기 시작했는데 직접 가서 보면 그 분위기에 매료될 수밖에 없다.

가는 길 지하철 4호선 혜화역 2번 출구로 나와 대학로 길을 가다 보면 아르코미술관이 나온다. 미술관을 지나 낙산공원 가는 길로 올라가면 자연스럽게 만나게 된다.

낙산공원

종로구 레이스의 최종 결승점으로, 북적북적한 대학로 와는 달리 늘 한가하고 고요하다. 낮에 이화마을을 구경하고 밤에는 여기서 시원한 맥주 한 캔 들고 눈앞에 펼쳐진 서울의 야경을 감상하자. 낙산공원의 백미는 뭐니 뭐니 해도 바로 야경이다.

신데렐라의 귀환,
12시 땡! 치면서 날아간 야식

자탕아~ 가지 마! 자탕아!!
형이 나중에 먹어 줄게~!!

다들 기억하시는지? 시계는 밤 11시 45분을 가리키고, 강호동이 상 위에서 치워지는 감자탕을 보며 절규한다. 12시가 넘으면 마치 신데렐라가 집으로 가 버리듯, 모든 야식들은 12시 전까지만 먹을 수 있었다. 그것도 복불복 게임에서 이겨야만. 이번 여행은 콘셉트가 당일치기 여행이라 모든 촬영이 밤 12시에 끝나야 한다. 우린 11시 30분이 될 때까지 기다리고 또 기다렸다. 최대한 12시 가까이에 복불복 게임을 시작할 심산으로 버티고 또 버텼다. 대충 30분 정도 남았을 때 게임이 시작된다는 것을 알리고, 3시간 전부터 서울 각지에서 공수한 위풍당당한 서울의 길거리 음식들이 상에 깔리기 시작했다.

장충동 왕족발, 신당동 떡볶이, 남산 돈가스, 신림동 순대 볶음, 응암동 감자탕, 을지로 골뱅이, 종로 김떡순, 회오리감자, 강남역 폭탄 주먹밥, 노량진 닭꼬치 등 서울을 대표하는 야식들이 멤버들의 눈앞에 펼쳐졌다. 음식들을 하나씩 소개하다 보니 어느새 또 10분이 훌쩍 지나 시계는 11시 40분을 가리킨다. 게임 한 판만 이기면 남은 음식을 모두 먹을 수 있는데, 마음이 급하니 될 리가 있나. 먼저 식어 버린 떡볶이부터 다시 상에서 내려온다. 퇴장당한 음식들은 자동으로 매니저들이 차지한다. 자기들이 직접 사 왔으니 얼마나 먹고 싶었을까. 게임에서 실패하는 족족 음식은 빠져나가고, 매니저들의 배는 불러만 간다. 남은 시간 10분, 드디어 감자탕이 떠나간다. 강호동은 오열하고, 연출진은 좋아 죽고, 매니저, 코디네이터들은 더 이상 들어갈 배가 없다고 난리다. 7분, 5분….

남은 음식은 제로.
멤버들은 그날 밤

그 수많은 야식 중
단 하나도 먹지 못했다.

🍴 1박 2일 추억의 맛
1박 2일에 출연한 야식 리스트

서울의 밤이 아름다운 이유는 야식 때문이라고 말하고 싶을 정도, 지금 생각해 봐도 침이 꼴딱 넘어간다. 그 많던 야식 중에서 현장 반응 베스트 3를 소개한다.

1등 신림동 곱창 순대 볶음 (백순대)
　　보통 순대 볶음은 양념 때문에 빨간색인데 최근에는 백순대가 대세다. 신림동 순대 타운에 가서 크게 "아줌마~ 빽요~"라고 외치면 알아서 흰색 곱창 순대 볶음이 나온다. 당면, 채소를 함께 볶다가 양념장에 곱창과 순대를 찍어 먹는데 그 맛이 완전 고소하다.

2등 을지로 골뱅이 + 달걀말이
　　보통 가게에서 소면이 따로 나오는 방식과는 달리, 큼지막한 골뱅이를 얇게 썬 대파와 고춧가루에 무쳐서 함께 나오는 것이 특징. 두껍게 말아 주는 달걀말이는 언제나 서비스!

3등 남산 돈가스
　　남산 케이블카 승강장 위쪽에는 돈가스 파는 가게들이 삼삼오오 모여 있는데, 옛날식으로 만들어 양이 많고 가격이 싸서 인기가 많다.

방 송 일 _ 2010. 11. 21 ~ 28

촬 영 지 _ 전남 장흥군

에피소드 _ 어둠을 헤치고 6시간을 달려 도착한 전남 장흥.
본 적도 들은 적도 없는, 오직 장흥에만 있는,
보자마자 눈이 휘둥그레지고 침이 꿀꺽꿀꺽 넘어가는 특선 바지락 비빔밥.
최고의 맛을 지키기 위한 멤버들의 몸부림이 시작된다!
해발 735m의 천관산 정상에 있는
깃발을 획득하시는 네 분에게는 바지락 비빔밥이,
꼴등 한 명에게는 바지락 1000개를 캐는 축복이 있을지니!
남도의 최고의 '맛'을 두고
숙명의 라이벌된 그들의 현란한 레이스

06
우리는 한우 삼합에 미쳤었다

〈장흥 식도락 여행〉

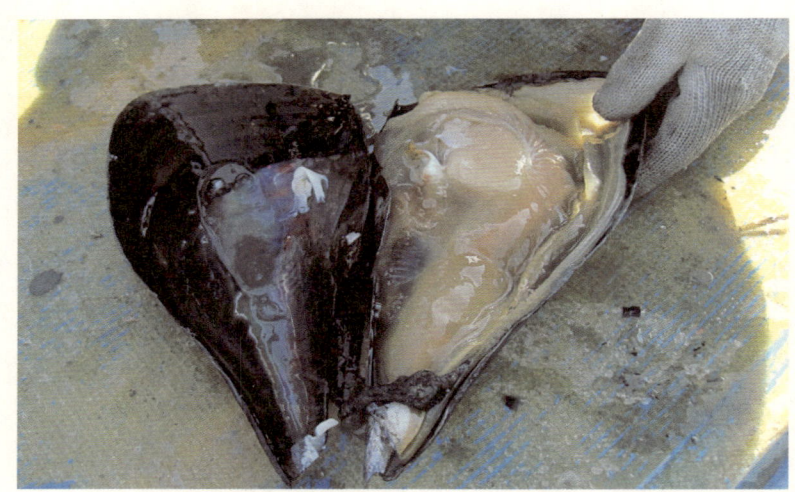

인정한다.
이번 촬영의 콘셉트인 식도락 여행,
이건 제작진의 100퍼센트 사심 방송이다.
장흥으로 답사 간 날,
우린 세상에서 제일 맛있는 음식을 먹고야 말았다.
그건 바로 '장흥삼합'이라 불리는 한우 삼합인데
소고기와 키조개, 버섯의 삼단 콤보가
환상의 하모니를 이루는 맛이다.
답사 내내 아름다운 장흥 앞바다도 편백나무 숲도
한우 삼합을 이기지 못했다.
이번 주제는 무조건 한우 삼합이 되어야 했다.
그리고 이 말을 좀 더 고급스럽게 풀기로 했다.

그래, 이번 회 주제는
식도락 여행이야!!

천관산은
높고 험하였도다

장흥 답사 때만 해도 레이스를 할 생각은 전혀 없었다. 하지만 회의를 하다 보니 그 어떤 상과 벌칙도 음식을 걸고 하는 것만큼 센 것이 없다는 것을 깨달았다. 촬영을 하루 남기고 우린 장흥 앞바다에서 캔 바지락과 초장의 완벽한 조합, 바지락 비빔밥을 걸고 '천관산 정상 깃발 뽑기 레이스'를 급조했다. 산의 높이는 고작 723미터. 설악산과 지리산을 제외한 산들은 그냥 동네 뒷산으로만 생각하던 우리는 중요한 사실을 간과했다. 동네 뒷산이라도 달리기 경주를 하면 말이 달라진다. 무식하면 용감해진다고 우린 무모하게도 전남 지역에서 가장 아름답고 크고 높고 험한 천관산을 레이스의 주무대로 정했다. 사전 답사? 당연히 안 했다. 답사했으면 이런 살인적인 아이디어를 냈을까? 아차, 싶었을 때는 이미 늦었다. 멤버들은 이미 경주마가 되어 앞만 보고 달렸다. 이제 이들에게 브레이크는 없다. '산 정상에 꽂힌 깃발을 먼저 뽑아 오는 세 명에게만 바지락 비빔밥을 준다'는 겨우 한 줄짜리 미션인데 멤버들은 인생을 걸었다.

〈1박 2일〉 멤버들의 승부욕은 상상을 초월한다. 오죽하면 강화도 교동 때는 삭발을 걸고 탁구를 쳤을까? 물론 그 덕에 역대 최고 시청률을 기록했지만. 여하튼 멤버들은 지면 진짜 밥이 없다는 사실을 알고 있기 때문에 레이스에 전력투구했다. 그리고 이날도 멤버들에겐 죄가 없었다. 모든 게 이런 무식한 기획을 한 내 죄다.

피를 뽑으며 달린 살인적 레이스

멤버 1명, VJ 1명, 연출진 1명 이렇게 세 명이 세트로 움직이는데 사실 멤버보다 더 많은 체력을 요하는 것이 VJ와 연출진이다. 멤버들은 레이스에만 충실하면 된다. 하지만 뒤 따르는 스태프는 카메라에 배터리, 테이프 등 짐이 산더미다. 결국 이날 무쇠 체력을 자랑하던 〈1박 2일〉의 막강 VJ, 연출진이 쓰러지고 만다. 이승기의 짝꿍은 인조인간 16호 신효정 PD다. 신 PD는 촬영 때면 잠을 자지 않고 밥을 먹지 않는다. 24시간 프로그램 생각만 한다. 취침 때는 끝까지 남아서 취침 촬영을 하고 기상 때는 누구보다 일찍 일어나 기상 촬영까지 한다. 이런 신 PD도 산 정상을 향해 전력 질주하는 승기를 따라잡기란 불가능했다. 결국 신 PD는 쓰러지고 VJ는 구토를 하고야 말았다.

　강호동의 파트너는 무에타이 3단의 김란주. 하지만 상대는 강호동이다. VJ는 진작에 아웃, 란주는 산 정상까진 쫓아갔는데 하산이 문제였다. 다리에 쥐가 난 것이다. 가방에서 〈1박 2일〉 배지를 꺼낸 란주, 1초의 망설임도 없이 핀으로 다리에 피를 내기 시작했다. 란주가 보이지 않아 다시 길을 돌아온 강호동이 이 광경을 보고야 말았다. 말만 한 처녀가 산길에 쭈그리고 핀으로 다리에서 피를 뽑는 장면을 목격한 것이다. 강호동이 물었다 "란주야~ 괜찮니? 오빠가 업어 줄까?" 군기 충만 김란주, 벌떡 일어나며 "아니에요. 오빠, 저 괜찮아요" 하며 다시 배낭을 멘다. 이날 강호동은 김란주에게 반했고, 김란주는 업어 준다는 강호동에게 반했다.
 촬영이 끝나고, 강호동은 의미심장한 말을 하고 떠났다.

우정아…
막내 작가도 피까지 뽑으면서
열심히 하는데
오빠는 아직 멀었다.

새콤달콤 천상의 맛
바지락 비빔밥

사실 초장에 비벼 먹으면 웬만한 음식은 다 맛있다. 하지만 바지락 비빔밥을 놓고 이렇게 얘기하면 많이 섭섭하다. 바지락 비빔밥의 매력은 초장이 아니라 바지락에 있기 때문이다. 서울에서 먹는 바지락은 기본적으로 힘이 없고 무(無)맛이다. 하지만 장흥에서 맛본 바지락 비빔밥의 바지락은 일단 입안에 넣자마자 탱글탱글한 식감이 일품이고 바지락 특유의 감칠맛과 고소함이 입안 가득 퍼진다. 무엇보다 엄청나게 많은 바지락의 양에 마음까지 풍요로워진다. 상상해 보시라. 뜨끈뜨끈한 밥에 새콤달콤하게 양념한 바지락을 잔뜩 넣고 참기름 두 방울을 넣어 슥슥 비벼 먹는 그 맛. 어떻게 맛이 없을 수 있겠는가? 게다가 서비스로 나오는 맑은 바지락 국물은 들떠 있는 식도를 금세 진정시켜 주며 온몸을 가득 채우는 향기로 날 갯벌로 이끌어 준다.

🍴 1박 2일 추억의 맛
바다하우스

멤버들이 미친 듯이 산 정상을 향해 달렸던 이유, PD가 실신하고 김란주가 피를 뽑았던 이유가 모두 이 바지락 비빔밥 때문이다. 먹어 본 자만이 알 수 있는 그 맛

주소 전남 장흥군 안양면 수문리 269
문의 061-862-1021
메뉴 바지락회무침 - 大 4만 원 / 中 3만 원
　　　키조개회 - 3만 원
　　　키조개구이 - 3만 원
　　　키조개무침 - 大 4만 원 / 中 3만 원

🍴 1박 2일 추억의 맛
명희네 식당

일단 근처 정육점에서 고기를 먼저 산다. 주변에 정육점이 많으니 아무 곳에서나 등심과 차돌박이를 구입하시라. 식당에 가서 고기를 건네고 주문을 한다. 키조개관자+표고버섯+깻잎이 세트로 나오면 돌판에 먼저 한우를 올리고 익으면 관자를 올려 함께 굽는다. 모두 익을 때쯤 버섯을 올려 살짝 굽고 깻잎에 돌돌 말아 먹는다. 마무리로 매생이탕을 시켜 먹자. 서울에서 전화하면 택배로도 배달된다. 한우와 키조개관자, 버섯은 물론 쌈장과 채소, 기름장까지 모두 포장되어 도착한다. 설이나 추석 때 부모님 선물로도 좋다.

주소 전남 장흥군 장흥읍 예양리 158-1
문의 061-862-3369
메뉴 장흥삼합 - 표고버섯+키조개+깻잎을 제공. 가격은 1만 3000원으로 저렴한 편
    한우 된장 물회 - 大 4만 5000원 / 中 3만 5000원 / 小 2만 5000원
    매생이탕 · 매생이떡국 · 소머리곰탕 · 선짓국 - 각각 6000원

식도락 여행의 절대강자,
한우 삼합

'장흥삼합'이라고 불리는 한우 삼합은 장흥의 세 가지 특산물인 들에서 키운 한우, 산에서 키운 표고버섯, 그리고 바다에서 키운 키조개를 한 번에 돌판에서 구워 먹는 음식이다.

질 좋은 한우, 부드러운 키조개, 그리고 표고버섯의 향이 어우러져 장흥을 대표하는 맛으로, 많은 관광객이 즐겨 찾는 장흥의 별미다. 일반적으로 삼합은 '홍어+수육+묵은지'를 가리킨다. 홍어를 품에 안은 삼합은 이미 출생부터 호불호가 갈리는 음식이다. 하지만 장흥삼합의 조합은 가히 반칙이라 할 정도로 맛 좋은 것들만 묶어 놓았다.

'소고기+키조개관자+버섯'의 만남, 이건 무조건 맛있을 수밖에 없다!'

아침 먹으러 제주도까지?
나 PD! 아침부터 장난하는교!

개인적으로 꼽는 역대 최고의 기상 미션이다. 아침 먹으러 제주도 가기! 이날 아침, 베이스캠프 앞에는 두 대의 차량이 서 있었다. 한 대는 가까운 곳에 가는 차량, 다른 한 대는 먼 곳에 가는 차량, 걸릴 확률은 2분의 1이다. 은근 은지원이 걸리길 바랐다. 사실 리액션은 은지원이 최고다. 정말 화를 내니깐 방송상에 보이는 그 진정성이란! 아무튼 리얼 버라이어티를 위해 태어난 아이다. 기상송이 울리고, 이게 웬일. 잠꾸러기 은지원이 가장 먼저 배낭을 메고 방을 나왔다. 그리고 자석에 끌리듯 야무지게 제주도행 차량에 탑승했다. 잠시 후에 있을 은지원의 분노한 모습이 눈에 선하지만 이 미션의 리얼함은 살겠구나 싶었다. 하늘에서 커다란 방송 분량을 선물로 내렸다. 곧이어 강호동이 탑승했고 마지막으로 이승기가 탔다. 유휴! 5명 중에 3명이나 제주도행 차량을 타다니. 전남 장흥편, 마무리가 깔끔한데. 나와 나 PD는 속으로 쾌재를 불렀다. 비몽사몽 항구로 가는 길, 눈썰미 좋은 이승기가 길가의 이정표를 보고야 말았다.

장흥 ↔ 제주 쾌속선 1시간 30분 소요?!!!!!!!

슬퍼하고 원망해 봤자 소용없다. 이미 차는 배에 빨려 들어갔다. 은지원은 여전히 꿈나라에 가 있어 머리가 90도 꺾여 있고,

이승기는 믿을 수 없는 현실에 넋이 나갔고, 강호동은 급하게 어딘가로 전화를 한다.
"내 지금 어디 가는 줄 아나? 제주도! 아침 먹으러 제주도 간다! 이게 말이 되나!"
출항한 지 1시간 30분도 안 돼 저 멀리 성산 일출봉이 보였다. 벌써 다 온 거야? 멤버들은 눈앞에 보이는 조랑말에 어이가 없었고 야자수 가로수에 한숨이 절로 나왔다. 우린 사실 많이 소심한 사람들이다. 간도 작다. 독한 벌칙을 만들고도 현장에서 멤버들의 눈치를 많이 본다. 미안하기도 하고 이런 것 시켜도 되나 싶기도 해서 사실 무척이나 초조하다.
이럴 때마다 멤버들은 은은하게 텔레파시를 보내 온다.

겉으론 화를 내지만 괜찮다고.
이날도 강호동이 사인을 보냈다.

괜찮다고,
이거 완~전 웃기다고!

🏨 1박 2일 여행수첩
장흥↔제주(성산) 가는 법

사실 서울·경기권 분들은 힘들지 모른다. 장흥까지 여섯 시간 넘게 걸리니 그냥 서울에서 비행기를 이용하는 것이 더 빠르고 편할 것이다. 하지만 사는 곳이 전남, 경남권이라면 배를 타고 하는 제주도 여행을 한번 시도해 볼 만하다. 내 차를 타고 제주도까지 갈 수 있으니 색다른 경험이 될 것이다.

장흥(노력항) 매일 08:30 출발 / 15:10 출발 (1시간 50분 소요)
성산항 매일 11:50 출발 / 18:30 출발 (1시간 50분 소요)
운임 성인 3만 3000원
차량운임 차량의 크기에 따라 5만 원에서 10만 원 사이

방 송 일 _ 2010. 10. 24 ~ 31

촬 영 지 _ 전남 신안군 흑산면 만재도리

에피소드 _ 차 타고 6시간, 배 타고 6시간. 가는 데만 12시간!
왕복으론 무려 24시간이다! (헉헉)
대한민국에서 뱃길로 갈 수 있는 가장 먼 섬!
자연 그대로가 보존되어 있는 원시의 섬.
신안군의 보물 만재도에 가다.
투덜거리고 고생한 것을
한방에 날려 버리는 만재도의 자연은
어디서도 볼 수 없는
다섯 가지 보물을 품고 있다.

07

원시의 섬, 만재도

5가지 보물을 찾아라!

〈만재도에 가다〉

자, 계산을 한번 해 봅시다.
서울에서 출발,
목포까지 논스톱으로 4시간,
목포에서 만재도까지 6시간.
깔끔하게 총 10시간이 걸린다.
말이 10시간이지, 10시간이면
L.A를 가고 두바이를 가고도 2시간이 남는다.
뱃길로 갈 수 있는 대한민국 섬 중에서 가장 먼 만재도.

"그래도 가야 하나요?"라고 물어보면 우리는
**"무조건 가 보셔야 합니다"라고
대답한다.**

어르신들,
저희는 부부 아니거든요!

워낙 오래 함께 일을 하다 보니 작가들끼리도 자연스럽게 사전 답사 짝꿍이 정해졌다. 그 짝꿍들 중 가장 에피소드가 풍부한 조합이 바로 까나리 제조자 조미현 작가(no.3)와 이름도 유명한 김대주 작가(no.5)다. 미현이와 대주는 주로 섬 답사를 하는데, 섬이다 보니 보통 갔다 하면 무조건 2박 3일이다. 거기다 중간에 풍랑주의보라도 만나면 일주일은 훌쩍 넘긴다. 이렇게 청춘남녀가 바리바리 짐 싸들고 사람 적은 섬에 들어가다 보니 마을 어르신들 대부분 이 둘을 100% 부부라고 생각해 버린다.

빈집도 많고 마을 주민도 얼마 되지 않는 만재도. 관광객들은 거의 다 가거도에서 내리고 만재도를 찾는 방문객은 거의 없다고 보면 된다. 이런 곳에 서른 살 전후의 꽃띠 처녀, 총각이 만재도에 내렸으니 마을 어르신들의 관심은 폭발적이었다. 해변에서 다시마 작업에 한창이던 할머니들은 하던 일을 멈추고 미현과 대주 커플에게 선방을 날리셨다.

신혼여행 온겨?
….
여기서 살어! 빈집 많당게!
….

(이어지는 결정타)

샥시~ 여기서 애 낳아!
여기는 애 낳으면
육지보다
보조금 많이 나와!

1박 2일 여행수첩
만재도

MC몽을 제외한 모든 멤버, 연출진이 멀미에 시달렸던 가거도를 기억하시는지? 만재도는 가거도보다 멀다. 가거도 가는 배를 타면, 가거도에서 한 시간 정도 정박하고 돌아 나올 때 만재도에 들른다.

문의 남해고속 061-244-9915, 동양고속 061-243-2111

🌙 1박 2일 추억의 밤
민박집

잠 잘 곳은 많다. 가정집 중에서 5~6곳이 민박을 하고 있는데, 만재도에는 식당이 없기 때문에 민박집에 식사를 부탁하는 것이 좋다.

문의 고현진 님 061-275-9821, 이동식 님 061-275-9820, 최상복 님 061-275-719

만재도 콘도

강추! 폐교를 개조해 마을에서 운영하는 콘도로, 콘도라는 말이 무색할 만큼 작고 소박하다. 하지만 전망만큼은 웬만한 호텔 경치 저리 가라다. 마을에서 운영하는 만큼 저렴하고 식사도 부녀회에서 돌아가면서 해주신다. 물론 타이밍만 맞으면 '배말 돈장국'과 '돌미역국'을 아침 저녁으로 만날 수 있다.

요금 1인당 3만 5000원, 3인 이상부터 1인당 3만 원 (식사 포함)
문의 061-275-9808

만재도의 밤은
낭만이어라

만재도는 둘러보는데 30분이면 족한데 답사를 간 다음 날은 배가 안 뜨는 날이었다. 미현이는 돈주앙 같은 김대주의 사랑 이야기에 빠져들었고 둘은 늦은 밤까지 쏟아지는 별을 보며 밤새 서로의 옛 러브 스토리를 주고받았다. 사실 대주가 여자 친구를 좀 여럿 사귀긴 했지만, 가슴 아픈 첫사랑 이야기며 대학교 크라운관을 빌려 프러포즈를 했다는 이야기는 우리도 처음 들었다. 사무실에서 들어도 말랑말랑한 얘긴데 망망대해에 홀로 떠 있는 섬에서 들으니 당연히 둘의 분위기가 심상치 않아야 하지 않겠는가? 하지만 이 둘의 분위기는 심상했다.

참말로 대단하다. 청춘남녀가 쏟아지는 별을 보며 밤새 서로의 러브스토리를 털어놓아 분위기가 멜랑콜리하게 흐르면 슬쩍 이성에게 생기는 흑심의 감정이 피어나도 전혀 문제 될 것이 없는데, 이 둘은 도통 정신줄을 놓지 않았다. 그리고 이들은 결심한다. 서울에 가면 꼭 대주의 러브 스토리를 책으로 만들자고. 작가들이 왜 섬에 들어가 집필을 하는지 알겠다며, 섬에 오니 절로 창작 욕구가 솟더란다. 미현과 대주는 이렇게 로맨스 소설 집필을 향한 의욕을 불태웠다. 쏟아지는 별을 보다가 미현이가 농담으로 한마디 던졌다.

만약 우리가

여기서 태어났으면

진짜 결혼했을 수도 있겠다.
…그러게요.

배말 된장국,
과연 어떤 맛일까

만재도 방송이 나가고 나서 가장 큰 화제가 된 것은 바로 '배말 된장국'과 '거북손'이다. 어촌에선 상추쌈, 깻잎무침만큼이나 흔하고 기본적인 반찬이 바로 배말과 거북손인데, 서울 촌놈들은 태어나서 처음 보는 자연의 밥상 앞에 엎어지고 자빠진다. 우린 배말과 거북손이 신기하고, 만재도 사람들은 이런 우리가 신기하다. 배말과 거북손, 이 둘은 이미 답사 때 기립박수를 받았던 작품으로, 한 입 먹고 나자 제작진 전원의 머릿속에서 폭죽이 터졌다. 태어나서 처음 느껴보는 맛. 아! 이런 맛에 〈1박 2일〉을 계속 하게 되나 보다. 멤버들의 반응도 달랐다. 이건 뭐, 어떤 된장국과도 비교할 수가 없다. 조개와 홍합을 넣은 된장국과는 또 다른 국물 맛이 나는데, 한마디로… 정말 맛있다! 그래서 무슨 맛인가 하면 말이다. 내가 30… 몇 년간 살아오면서 얼마나 많은 된장국을 먹었겠는가?

대충 세어도 1만 그릇은 될
된장국들 중에서 단연 최고다.

사전 답사를 다녀온 미현과 대주가 '투 섬즈 업'이라며, 역대 지역 음식 중 최고라고 목숨 걸고 천거할 때도 우린 반신반의했다. 음식은 사랑과 비슷하다. 누가 뭐래도 자기 마음대로다. 아무도 모른다. 특히 주변에서 최고라고 칭찬할 때는 기대치가 올라가 막상 먹으면 실망하는 경우도 많다. 그래도 후배들이 목을 내놓고 추천하니 일단 뇌에서 기쁨과 설렘의 아드레날린이 분비된다. 첫 숟가락을 막 입속에 넣는 순간! 된장국이 입안을 맴돌다 식도를 타고 위로 내려온다. 그리고, 뇌에서는 전구가 반짝 켜진다. 머리 위로 자막 하나가 뜬다. "우승!"

배말 된장국. 한마디로 모든 이의 기대에 100% 부응하는 맛이다. 해물 된장국 특유의 투박함과 구수함보다는 일본 된장국처럼 깔끔하고 시원한 맛을 지녔다. 그렇다고 해서 일본 된장국처럼 헐렁한 맛이 아니라 깊고 단단하고 풍부하다. 여기에 조개류 특유의 감칠맛이 우러나 된장과 완벽한 조화를 이루며, 배말 특유의 쫄깃한 육질이 더해져 한 번 먹으면 평생 남해 청정 바다의 배말을 찾아 돌아다니게 된다.

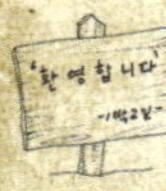

만재도의
5가지 보물을 소개합니다!

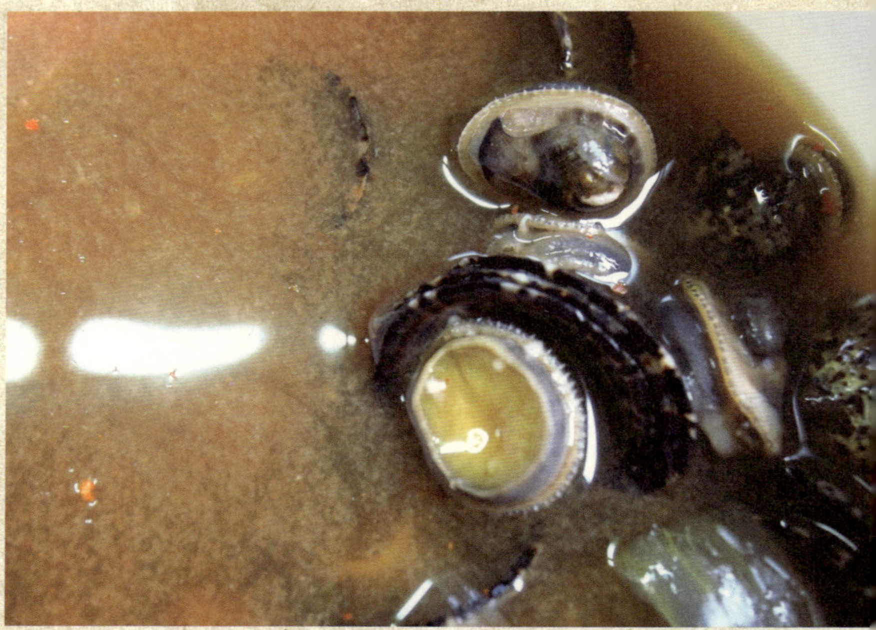

원래 예능 프로그램에 나오면
누구든 과장을 하기 마련이다.
하지만 리얼 버라이어티를 외치는
〈1박 2일〉에서는 그다지 과장을 하지 않는다.
오히려 너무 편하게 막 대해서 탈이지.
그런데 모든 이들의 두 눈이 동그래지고
한마디로 설명 못 한 음식이 있으니,

그게 바로
만재도의 5가지 보물 중 하나인
배말 된장국이다.

만재도의 보물 1. 배말

배말은 진짜 이름은 삿갓조개다. 사투리로는 '보말'이라고도 하는데 고동보다 살점이 많고 소라보다 먹기가 쉽다. 방송에 나가고 나서 이마트에서 잠시 팔았는데 지금은 서울에서 구하기 어렵다. 그래도 먹고 싶다면 낚시꾼에게 부탁해 보자. 갯바위에 널리고 널린 게 배말이다.

만재도의 보물 2. 거북손

거북의 손을 닮았다 하여 거북손이라 불리며 지방에 따라 금조개, 부처손, 보찰 등으로 불린다. 외모는 징그럽게 생겼지만 끝내주는 맛을 가졌다. 조개와 오징어를 섞은 듯한 맛으로, 굉장히 쫄깃한 질감에 무척 고소하다. 특별한 조리법도 없다. 그냥 삶아서 까 먹으면 끝. 배말도 그렇고 거북손도 그렇고, 이것들은 어촌에서 아주 흔한 생물들이다. 물 맑은 청정 바닷가라면 어디에서든 이 둘을 볼 수 있다. 농촌에선 끼니마다 텃밭의 상추와 깻잎을 뜯어서 국을 끓이고 무치고 삶듯, 어촌에선 텃밭인 앞바다에서 배말과 거북손을 캐 국을 끓이고 무치고 삶아서 밥상을 차린다.

만재도 보물 3. 우럭

이수근이 우럭을 낚는 시간보다 새우 미끼를 끼우는 시간이 더욱 오래 걸릴 정도로 물 반, 우럭 반인 만재도. 우럭은 초보 낚시꾼들에게 차진 손맛을 알려 주는 만재도의 보물이다.

만재도 보물 4. 돌미역 & 다시마

돌미역과 다시마는 만재도의 진정한 4번 타자. 해녀들이 만재도 근해에서 직접 채취하는 100% 자연산으로, 이 맛이 또 예술이다. 만재도 돌미역의 백미는 끓이면 끓일수록 뽀얗게 우러나는 육수. 이승기가 표현했듯, 사골 국물 맛이다. 흔히 미역은 오래 끓이면 흐물흐물해지는데, 만재도 미역은 오히려 하얀 가루를 쏟아 내며 더 쫄깃쫄깃해진다. 알고 봤더니 이미 남도 지역에서는 명품 미역으로 방귀 좀 뀌는 물건이란다. 한 줄기에 무려 1만 원, 보통 20줄기씩 20만 원에 판매한다. 가격은 좀 나가지만 미역 한 줄기만 자르면 5인 가족은 너끈히 먹을 수 있고 한우 사골 저리 가라 할 정도로 맛과 영양이 뛰어나다.

만재도 다시마는 진액이 많고 육질이 단단해 살짝 데쳐 먹는 게 좋다. 데치면 상당히 쫄깃해 마치 오징어나 쥐포를 먹는 느낌이다. 다시마 특유의 달달함과 감칠맛이 대단하다. 다시마 역시 채취하자마자 해안에서 자연 건조시키고 일일이 정성껏 한 줄 한 줄 펴서 햇볕에 말린다. 10~11월에 채취 판매되는데, 1kg에 1만 원 정도 한다.

만재도 보물 5. 고구마

바닷바람을 맞고 자란 해풍 고구마는 겉은 단단하지만 속은 스펀지처럼 폭신폭신한 것이 특징이다. 내륙 고구마보다 더 붉고 밤고구마인데도 식감이 약간 빡빡해서 좋다. 그리고 무엇보다 달다. 이거면 게임 끝이다. 그나저나 이날 승기가 맛탕의 황제(?)로 거듭났던 걸 기억하는지…. 과연 이승기는 맛과 조리 시간을 예상하고 일부러 얇게 썰었을까? 아니면 맛탕용 고구마를 어떻게 써는지 몰라서 그렇게 잘랐을까? 이유는 알 수 없다. 평소 캐릭터를 보면 백발백중, 몰라서 얇게 썬 것 같은데·어쨌든 얻어 걸렸다. 뭐든 열심히 하는 자에게 신이 준 작은 선물 아니겠는가?

머나먼 섬 만재도,
떠나고 싶은 그대에게 강추!

가거도에서 확인한 대로, 경치와 거리는 비례한다. 만재도는 그 가거도보다 1시간을 더 가야 하는 섬이다. 1시간어치 더 좋은 경치를 볼 수 있다는 말이다. L.A를 여행하는 데는 족히 300만~400만 원이 든다. 하지만 만재도를 여행하는 데는 30만~40만 원이면 충분하다. 오랜만에 번잡한 육지에서 벗어나 섬마을의 돌담길을 걸어 보고, 면세점에서 명품 백을 고르는 대신 명품 미역을 사 보자. 외국 여행에서 보는 화려함과 세련미는 없지만 돌담 하나하나, 미역 캐는 어머니 한 분 한 분이 기분 좋은 편안함을 선물한다.

현실을 도피하고 싶어서, 혹은 현재 상황이 너무 짜증 나서 여행을 가려는 사람들이 있다. 그럴 때는 외국도 좋지만 한 번쯤 배낭을 메고 우리나라 섬 중에서 좀 먼 섬으로 떠나 보자.

섬은 기본적으로 고립감과 고독감을 제공한다. 그리고 육지의 모든 것을 그립게 하는 신기한 '뭔가'가 있다. 그저 주변 사람이나 상황이 싫어서 떠나는 여행이라면, 굳이 여권 챙기고 환전까지 해 가며 말도 안 통하는 먼 나라로 갈 필요가 있을까? 그럴 땐 그냥 섬으로 가면 된다. 섬이 주는 고요함은 외국보다 낫다. 하루 정도 섬이 선사하는 낭만과 고독을 씹다 보면 점점 외로워진다. 오히려 사람이 다시 그리워진다.

내가 딱 그랬다. 고독을 즐기며 혼자 어디론가 떠나도 딱 1시간만 지나면 다시 일상이 그리워진다. 나 홀로 떠난 유럽 여행, 로마 광장에서 이어폰을 꽂고 한 손에 맥주병을 들고 앉아 고독과 낭만을 즐긴다. 갖은 폼을 잡으며 나에겐 뭔가 사연이 있으니 가까이 오지 마시라는 냄새를 풍기면서 나만의 고독함을 맘껏 누린다. 그러다 이젠 숙소로 돌아가야지 하고 일어나 시계를 보면 겨우 3분 지났다. 이게 인간이다. 아무리 외롭고 쓸쓸하고 미친 듯 우울해도 밥때가 되면 배가 고프고, 해가 지면 졸리다. 나만 그런가? 모든 사람이 그렇지는 않겠지만, 나와 비슷한 사람도 의외로 많이 봤다. 그래서 난 외국보다 우리나라 여행이 좋고, 특히 섬 여행이 좋다.

섬은 여행과 참 잘 어울린다.

인간의 삶을 움직이는 가장 큰 변수는 '변심'이다. 물론 여행에서도 무수히 많은 변심이 생겨난다. 외롭다가도 심심하고, 친구가 싫다가도 보고 싶고, 혼자 걷고 싶은 날도 있고, 드라이브만 하고 싶은 날도 있으며, 모든 게 귀찮다가도 호사로움을 누리고 싶은 날도 있다. 하루하루 시시각각 변심의 순간이다. 이건 아마 누구나 다 그럴 것이다.

그럴 때 난 섬으로 간다. 아주 작은 섬도 좋고 먼 섬도 좋고 큰 섬도 좋다. 섬은 이 모든 변덕과 변심을 받아 주는 공간이다. 하루쯤 되면 외롭고, 이틀이 지나면 그리움이 생기며, 그 다음 날엔 처음 본 사람들과 얘기를 나누고 있다. 쏟아지는 별들을 볼 수 있고 파도 소리가 밤새 자장가가 된다.

내가 하고 싶은 여행이 어떤 것인지는 모르겠고, 지금의 현실은 싫어서 떠나고 싶다면 그땐 비싼 돈 내고 외국으로 가지 말고 섬으로 가라.

섬은 변심하는 당신에게

카멜레온 같은
친구가 되어 줄 것이다.

우정's Memory 3 · 〈1박 2일〉 최고의 밥상
제작진이 뽑은 최고의 한 끼!

· 나주곰탕 ·

이우정 작가

'나주곰탕'은 참 맛있다. 깊은 맛이니 진한 맛이니 하는 수식어는 전혀 필요 없다. 김이 모락모락 나는 곰탕 한 그릇에 큼지막한 깍두기가 전부인 한 상에 다른 미사여구는 붙인다는 건 거추장스러울 뿐. 일단 다들 먹어 보시라. 이게 진짜 맛있는 한 끼다.

· 못밥 ·

이선혜 작가

난 원래 밥을 별로 좋아하지 않는다. 게다가 밥을 국에 말아 먹는 건 더욱더 싫어한다. 단 '나주곰탕'은 언제나 예외다.

· 봄동 무침 ·

나영석 PD

전남 경광 촬영 때 처음 본 '봄동 무침'은 맛본 지 3년이나 지났지만 생각하는 것만으로도 입안에 침이 고인다. 계절을 맞이한 싱싱한 채소만큼 맛있는 음식은 없는 것 같다.

· 충무김밥 ·

이정규 PD

화려한 모양새도 자극적인 양념도 없지만 밥상 위의 모든 음식이 하나도 빠짐없이 맛있었던 경험은 처음이다. 엄태웅의 말대로 잘 만든 자동차를 만난 기분이다. 못밥의 백미는 색동저고리를 닮은 화젠.

· 화전 ·

최재영 작가

나에게 '충무김밥'은 그저 그런 심심한 김밥. 그 이상도 그 이하도 아니었다. 그러나 통영에서 만난 충무김밥은 말 그대로 명불허전. 딱 한 입 크기의 심심한 김밥과 철따라 달라지는 다양한 토핑은 가히 중독성을 가지고 있다고 할 만큼 맛있다.

· 서산 게국지 ·

박덕선 PD

은초딩도 반한 맛, 서산의 게국지. 혹자는 그렇게 많은 게를 넣었으니 반칙이라고 하지만, 게국지는 꽃게보다 채소 맛이 강한 음식이다. 깊은 맛이 뭔지 제대로 알게 해 준다. 겉절이의 풋내가 전혀 안 나고 푹 익혀 부드러운 배춧잎의 맛이란 직접 먹어 보지 않고서는 알 수 없다.

조미현 작가

음식 중 최고는 역시 소고기. 소고기 요리 중 최고는 불고기. 불고기 중 최고는…. 여기서부터 어렵다. '광양 불고기'와 '언양 불고기'. 먹을 때마다 정말 최고라고 생각하지만 우열을 가릴 수 없다. 광양이냐 언양이냐. 엄마와 아빠, 짬뽕과 자장면에 이어 최고의 난제를 안아 버렸다.

· 밥차 ·

김대주 작가

밥차! 다시 생각해도 밥차! 계절에 따라, 여행지에 따라, 그리고 출연자의 국적과 취향, 컨디션에 따라 항상 새로운 음식을 내 놓는다. 그리고 놀랍게도 이 모든 음식이 평균 이상의 맛을 낸다. 아버지 환갑잔치에도 내 결혼식에도 섭외 1순위는 우연단 셰프가 이끄는 밥차다!

· 인제 두부부침 ·

김란주 작가

부끄러운 얘기지만 난 소고기든 돼지고기든 구워 먹는 걸 최고로 여기며 살아왔다. 그러나 이 모든 건 인제에서 '두부부침'을 먹기 전 얘기다. 요즘엔 길을 가다가 국도변의 수많은 두부 전문점 앞에서 발걸음을 멈추고 두부를 먹지만 인제에서 먹은 두부부침에 대한 그리움만 커질 뿐이다.

· 장흥삼합 ·

박상혁 FD

태어나서 27년 만에 처음 맛본 '꼬막 탕수육'. 맛있었다는 기억과 함께 앞으로 또 몇 년을 기다려야 먹을 수 있을까 하는 안타까움이 함께한다. 겨울이 오면 나도 모르게 흥얼거리게 된다. '찬바람이 서늘하게 입가를 스치면 따스하던 꼬막 탕수육~ 몹시도 그립구나~♪'

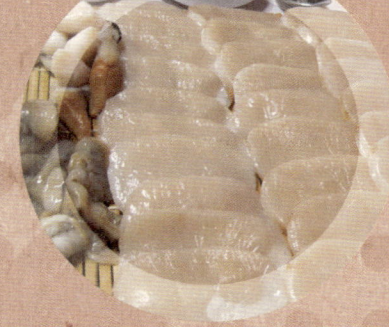

김정근 FD

한우, 키조개 관자, 표고버섯이 돌판 위에서 사이좋게 익어 가는 '장흥삼합'은 보는 것만으로도 배가 부르다. 그리고 먹는 순간 엄지손가락이 반사적으로 세워진다. 돌판 위에서 벌어지는 음식계 3대 디바의 디너쇼! 놓치면 정말로 땅을 치고 후회합니다.

우정"s Memory 4 · 답사의 추억
세상에서 가장 행복하고 꼬질꼬질한 직업

까다롭고 은밀한 〈1박 2일〉의 촬영지 선정

〈1박 2일〉의 촬영지는 그 옛날 조선 시대 중전의 삼간택만큼이나 까다롭고 은밀하게 결정된다. 그 시작은 여행의 테마를 정하는 것. 테마를 정하는 초반 회의 때는 별의별 얘기가 다 나온다. '뗏목을 타고 동해에서 서해까지 갈까?', '동굴을 파는 건 어때?' 이렇게 사람을 죽이고도 남을 아이디어부터 '식도락 여행?', '수학여행?'처럼 쓸 만한 아이디어까지, 아이디어 앞에선 메인 PD도 막내 작가도 없다. 서로가 서로의 아이디어를 씹고 뜯고 맛보고 즐긴다. 이렇게 치열한 브레인 스토밍을 거쳐 비로소 최종 콘셉트가 결정된다. **이렇게 촬영 콘셉트가 정해지면 여기에 맞는 후보지 2~3곳을 추리고, 그곳들을 작가들이 팀을 나눠 사전 답사를 한다. 사전 답사가 끝나면 또 다시 모여서 한 군데를 정하고 연출진 전원이 그곳을 찾아간다.**
뗏목을 타고 동해에서 서해까지 갈까? 동굴을 파는 건 어때?

방송사에서 왔노라!고는 말 못 해

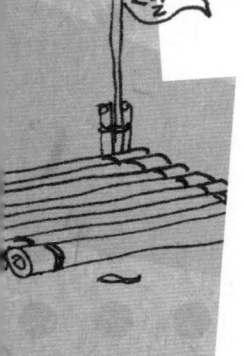

작가들끼리 떠나는 사전 답사 시간이 가장 행복하다. 이때만큼은 챙겨야 하는 출연자도 없고 신경 써야 하는 스태프도 없으니 심신이 안녕하다. 사전 답사 때는 대개 2인 1조로 움직이는데 미리 촬영지가 알려지면 곤란한 일들이 많아 방송사에서 왔음을 철저히 숨긴다. 그래서 사전 답사 때는 오해를 받기도 한다. 특히 2인 1조의 답사 짝꿍이 남녀로 이루어졌을 경우,

청춘남녀 둘이 깊숙한 산골로, 호젓한 섬으로 돌아다니면 동네 어르신들은 100% 부부라고 단정 지으신다. 민박집에서 방을 따로 잡으니 "아니? 부부가 왜 다른 방에서 자? 신혼부부 아녀?" 땀을 빼질빼질 흘리며 부부가 아니라고 아무리 설명을 해도 어르신들은 믿지 않는다. **"방송사에서 왔노라! 〈1박 2일〉에서 왔노라!" 당당하게 밝힐 수도 없고, 하아~**

베개도 갖고 다니는 장돌뱅이 인생

이렇든 저렇든, 작가들은 최소한 일주일에 두 번 이상 보따리를 싸야 한다. 사전 답사 때 한 번, 최종 답사 때 한 번. 그나마 후보지가 모두 마음에 안 들면 사전 답사는 두 번이고 세 번이고 계속 떠나야 한다. 하지만 여행하는 것이 직업이고 좋은 경치 보고 맛난 거 먹는 게 밥벌이라니, 세상에 이렇게 좋은 직업이 어디 있나? 일 년에 반은 모텔에서 자고 미니 목 베개가 아니라 아예 집에서 베는 베개를 들고 다닌다. **예능 작가들 중에서 가장 검은 피부를 가진 〈1박 2일〉 작가들, 그래도 우린 이 역마살 자욱한 직업이 싫지 않다.**

〈1박 2일〉 최적의 촬영지는?

이마트 촬영지란 촬영에 필요한 모든 것들이 한곳에 모여 있어 그때그때 필요한 것을 잘 선택해서 구성하면 되는 곳이다. 이마트 촬영지의 3대 조건이 있다. 첫째, 5000만 국민 모두가 한방에 떠올릴 만한 대표 음식이 있어야 한다. 둘째, 콘셉트가 확실한 베이스 캠프가 있어야 한다. 셋째, 경치를 담보하는 대표적인 관광 포인트가 있어야 한다. 그런 의미에서 최적의 촬영지는 나주, 안동, 경주였다. 왜냐고? **나주에는 곰탕, 목사내아, 영산강이 있고 안동에는 간고등어, 종가집 고택들과 하회마을이 있고 경주에는 한정식과 고택, 불국사를 비롯한 온갖 보물들이 있으니까.**

Photo Essay

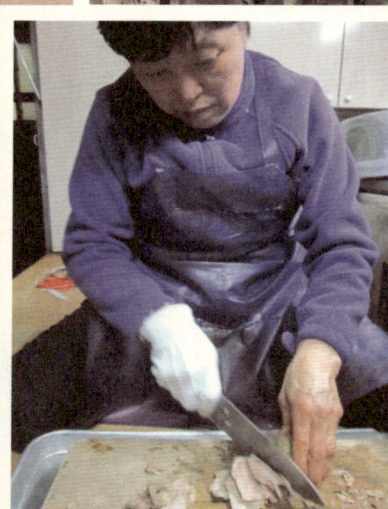

방 송 일 _   2007. 12. 23 ~ 2008. 1. 6

촬 영 지 _   강원 화천군 감성마을

에피소드 _   여행지도 알아서! 숙박지도 직접! 식사는 자급자족!
주어진 것은 아무것도 없다!
야생을 향해 달려라! 스스로 알아서 모든 것을
정하는 이른바 셀프 여행이 시작된다.
강원도 화천군에 살고 있는
소설가 이외수의 집에서 보낸
아름다운 겨울밤. 눈 위를 뒹굴며 쌓아 가는
여섯 남자들의 끈끈한 우정!

08

〈1박 2일〉의 장수를 예감한

첫 자유 여행

〈감성마을〉

멤버들도 일단은 멍~,
돌림판을 돌려 강원도라는 지역만 정하고
나머지는 아무것도 없다.
어디로 갈지,
뭘 먹을지,
게임은 해야 되는지 말아야 하는지….
아무것도 없다.

멤버들과 제작진, 일단 버티기에 들어간다.
이때 조급해하면 안 된다.
도와 달라는 멤버들의 애처로운 눈빛을 피해 가며
이른바 '마(魔)'라고 불리는 약간의 침묵을 버텨 내야 한다.
제작진이 답을 주면 그때부턴 리얼이 아니다.

그리 오랜 시간이 걸리지 않아,
다행히 은근 인맥이 두터운
김C의 입에서
**"이외수 작가님"이라는
단어가 튀어나왔다.**

용기가 필요한
자유 여행

　　제작진의 아이디어가 고갈되어 회의를 하다 하다 지치면 꺼내 든다는 오해 아닌 오해를 받는 '자유 여행' 콘셉트의 촬영. 사실 억울하다. '자유 여행' 카드를 꺼내 들기 위해선 실로 엄청난 용기가 필요하다. 아무것도 하지 않겠다는 용기! 이 용기를 갖기란 정말 쉽지 않다. 정말 죽기 살기의 각오로 아무것도 준비하지 않으려고 노력해야 한다. 내 머릿속에 이미 이렇게 저렇게 그림이 그려지면 시청자들도 예상할 수 있기는 마찬가지. 나에게조차 생소한 상황에 맞닥뜨려야 멤버들도 시청자도 새로운 리액션을 할 것이라는 믿음으로 우린 일단 〈1박 2일〉 최초의 '자유 여행'이란 카드를 던졌다.

　　멤버들이 돌림판을 돌려 강원도라는 지역만 정하고 나머지는 아무것도 없다. 어디로 갈지, 뭘 먹을지, 게임은 해야 되는지 말아야 하는지…. 아무것도 없다. 다행히 은근 인맥이 두터운 김C의 입에서 "이외수 작가님"이라는 단어가 튀어나왔다. 하룻밤 자고 가도 좋다는 이외수 선생님의 쿨한 OK 사인이 떨어지고 멤버들도 연출진도 이 대본도 없고 미션도 없는 맨땅의 헤딩 촬영에 점점 몰입되어 신나게 강원도 화천으로 향했다.

갑자기 그게
왜 궁금했을까?

화천으로 가는 길에 뜻밖의 논쟁이 벌어졌다. 동물도 고통을 느낄까? 여하튼 남자들의 쓸데없는 승부욕이 발동했다. 시작은 물고기였는데 점점 양서류, 파충류로 옮겨 가더니 급기야 '포유류가 아닌 동물도 고통을 느낄까?' 로 번졌다. 그리고 자기들끼리 자장면 내기를 한다. '세상에 남자들이란 별게 다 승부거리가 되는구나…' 하는 생각도 들었지만 큰 깨달음도 있었다. 자유 여행이 아닌, 제작진이 뭔가를 준비해서 가는 촬영이었다면 우리 머릿속에선 절대 이런 식의 논쟁이나 이야깃거리가 안 나온다. 어쨌든 멍석이 새롭고 촬영이 독특하니 처음 보는 그림들이 하나둘씩 튀어나왔다.

자존심 강한 강호동,
더 강한 이승기,
지식 면에서 둘째 가라면 서운한 김C까지 가세했으니
이건 뭐 누가 봐도 방송 분량 쭉쭉이다.

멤버들은 본인들이 아는 최고의 지식인에게 전화를 걸기 시작했고, 우리에게도 사실 확인을 부탁했다. 연출진도 각자의 인맥들을 최대한 동원해 자문을 했다. 과학재단도 나왔고, 민족사관고등학교 과학 선생님과도 통화했고, 63빌딩 씨월드수족관 담당자도 한 말씀, 급기야 윤무부 교수님에게도 전화를 드렸다. 물론 이 부분은 방송엔 나오지 않았지만 연출진은 연출진대로 이 첨예한 논쟁에 종지부를 찍기 위해 고군분투했다.

하지만 이게 또 쉬운 문제가 아니었다. 자문한 전문가들의 의견이 제각각인 것이다. 알고 보니 이 주제가 학계에선 전부터 꽤나 논란거리였다고 한다. 우린 PC방에서 일제히 생물의 고통 감지 유무를 검색하기 시작했다.

자장면 내기를 한 멤버들은 중국집 앞에 차를 세워 놓고 PC방에서 나오는 나 PD의 입만 쳐다본다.

우리는 검색을 통해
'포유류가 아닌 동물들은 고통을 느끼지 못한다!'고 결론지었고
멤버들의 희비가 엇갈렸다.

우문에 현답을 내려주시니
감동 또 감동할 수밖에

지방자치단체가 생존하는 작가에게 선물한 최초의 집필 공간 '감성마을'. 읍내에서 작은 선물을 사 들고 오늘의 베이스캠프인 감성마을에 도착했다. 김C를 제외한 전원이 작가 이외수와는 초면이었다. 나 역시 실제로 뵙기는 처음이었는데 깡마른 체구 때문에 다소 예민해 보인다는 첫인상을 완전히 깨고 이외수 선생님은 불을 잔뜩 땐 온돌방처럼 따뜻한 사람이었다. '나 특별한 사람이니 특별하게 대우해!'라는 명사 특유의 경계심이 없고 평범한 사람이니 평범하게 대해 주길 바란다는 분위기가 풍겨 오히려 더 큰 아우라를 보았던 것이 내가 만나고 느낀 작가 이외수의 모습이다. 매서운 겨울바람을 털고 훈풍 도는 실내에 들어가니 멤버들은 그것만으로도 충분히 몸이 풀렸다. 자연스럽게 이런저런 얘기가 오갔다. 그러던 중 강호동이 불쑥 물었다. "선생님? 포유류가 아니어도 고통을 느낄 수 있습니까?" 그냥 단순한 생물학적인 질문이었다. 하지만 돌아온 답은 우리 모두를 입 다물게 했다.

당연히 느끼죠.
사랑받는 모든 대상은
고통을 느낍니다.

© nearblue202

📷 1박 2일 추억의 장소
감성마을

국내 최초로 지방자치단체가 생존 작가에게 제공한 집필 공간으로, 사전에 예약하면 누구나 무료로 구경할 수 있다. 날짜만 맞으면 작가 이외수 선샹님의 문학 강의도 들을 수 있는 곳.

주소 강원 화천군 상서면 다목리 799
문의 033-441-3106

운 하나는 끝내주게
좋은 프로그램

이외수 선생님과의 감동적인 만남을 뒤로하고 서로 약간은 상기된 채 현관문을 나서는데 기적처럼 눈이 내렸다. 조금 전 이외수 선생님으로부터 인생에 남을 만한 감동적인 말을 듣고, 그래서 17세 소녀같이 온몸이 감성으로 충만한데, 누군가 푹 찌르면 시 한 구절은 줄줄 나올 것 같은 서정적 모드의 정신 상태인데, 하늘에서 눈까지 내려 주다니…. 멤버들도 스태프도 동시에 생각했다. '정말 이 프로그램, 운 하나는 끝내주게 좋구나.'

'포유류만 고통을 느낄까?'라는
이 말도 안 되는 논쟁을 시작한 것도 우연.
작가 이외수를 만난 것도 행운.
갑자기 쏟아지는 함박눈도 큰 복이다.

용장(勇將)은 지장(智將)을 못 이기고 지장은 덕장(德將)을 이기지 못하고, 덕장은 운장(運將)을 이기지 못한다. 천하의 관우나 장비도 운이 따라주는 조자룡보다 단명했으니.

이렇게 끝내주는 운이 따라다니는

우린 아마 장수할 거야.
오래 오래.

 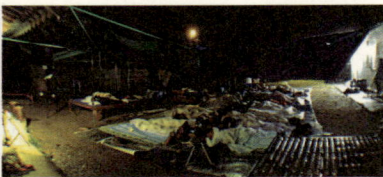

방송일 _ 2009. 9. 20 ~ 27

촬영지 _ 전남 영암군 월출산

에피소드 _ 실내 취침의 안락함을 뒤로하고
재미를 택한 야생의 예능 6인!! 패배는 상상할 수 없다.
얼굴에서 미소를 없애 주마, 다큐 스태프 80인!!
배고픔과 야생으로 다듬어진 여섯 남자가
최악의 복불복 게임을 제시했다.
멤버 vs. 스태프, 6 vs. 80의 대결!
하늘에선 비가 내리기 시작하고
역대 최악의 잠자리 복불복이 시작된다!

09

스태프 80명 vs. 멤버 6명

전설의 잠자리 복불복

⟨전남 영암 월출산⟩

사실, 우리는 스태프 팀이 이길 줄 알았다.
사람이 80명이나 되는데 그중에서 고르고 고르면
어디 6명을 못 이기겠는가?

하지만

6명의 멤버는
이미 인간 병기가 되어 있었다.

어쩌겠나, 그동안 우리가 그렇게 만든 것을.
그 어떤 종목을 해도, 그 어떤 미션을 해도 목숨 걸고 한다.
한마디로 집중력에서 밀린 거다.
어쨌든 비까지 오는데
80명의 스태프를 땅바닥에 재우자니 가슴이 아팠다.
늘 뒤에서 고생하는 분들인데 이렇게 되니
연출팀으로선 굉장히 미안한 일이다.
그나마 다행인 건 스태프 모두가 즐겁게 받아들였다는 것.

휴식 여행 하러 왔다가
영암 대첩 치른 날

전남 영암군에는 험하기로 유명한 월출산이 있고, 잘 보존된 한옥에서 하룻밤 민박할 수 있는 독특한 곳이 있다. 우린 전남 영암 여행의 테마를 '휴식'으로 잡았다. 쉬어야 하는 여행이니 당연히 저녁 복불복, 잠자리 복불복도 없었다. 다만, 식사 비용을 그냥 줄 수 없어서 6명 중에서 3명에게 선착순으로 용돈을 주는 월출산 등반 미션만 준비했다. 우린 그저 6명이 4시간은 족히 걸리는 등반 코스를 앞서거니 뒤서거니 오르는 그림을 상상했을 뿐이다. 그런데 2년째 야생에서 뒹군 여섯 남자들은 꼼수만 늘고, 배신과 계략에 능해져서 원래 기획과는 전혀 상관없는 '배신 게임'을 치르고야 말았다.

오르는 데 2시간이나 걸린다는 월출산 구름다리까지 가면 용돈을 준다고 하니, 이 여섯 남자들은 자기들끼리 복불복으로 3명을

추려 산에 보내기로 한다. 여기까진 좋았다. 그러나 벽두산 등반보다 더 힘들게 산을 올라 쟁취한 용돈을 손에 쥔 승기, MC몽, 수근은 용돈을 함께 쓰기로 한 약속을 무시하고 저녁을 먹으러 갔다. 이 배신을 가만히 두고 볼 호동이 아니지. 결국 쫓고 쫓기는 레이스 끝에 이들은 낙지집에서 화해의 낙지 만찬을 먹게 된다. 덕분에 월출산 등반만 보여 주고 말 뻔한 방송이 더 풍부해졌다고나 할까. 이렇게 등반팀은 체력을 다 쓰고, 휴식 팀은 두뇌를 다 써서 모두 녹초가 된 채 편안히 잠자리에 들 준비를 했으나, 거기서 다가 아니었다. '휴식=잠'으로 생각하는 호동에게 진정한 휴식의 의미를 전하려던 찰나, 지난 봄 나주에서 벌어진 스태프 복불복이 불현듯 떠오른 것은 진정 신의 한 수가 아니었을까?

우리 진짜로 한다!
인정사정 안 봐준다!

　　　　　　6명의 멤버 대 80명의 스태프, 다시 없을 〈1박 2일〉만의 결전의 시작은 이렇다. 매 끼니를 전쟁(!)에 비견되는 게임을 치러야만 먹을 수 있고, 죽기 살기로 덤벼야만 방에서 잘 수 있는 멤버들에게 스태프가 제때 챙겨 먹는 밥과 편안한 잠자리는 당연히 부러움의 대상이다. 자기들은 춥고 배고픈데 스태프는 꼬박꼬박 밥 챙겨 먹고 편안한 모텔에서 자니 부럽기도 하고 심기가 불편하기도 할 것이다. 그래도 생각하면 생각할수록 괘씸한 발상이다. 멤버들이야 굶고 한데서 자는 게 일이라 그렇게 하면 출연료도 받고 인기도 얻지만, 스태프는 무슨 죄인가? 이들은 신성한 노동의 대가로 여느 직장과 마찬가지로 숙과 식을 제공받는 것뿐인데 그것을 가지고 딴죽을 걸다니. 물론 눈앞에서 보면 무한정 부럽고 한없이 약 오르는 풍경이라는 점은, 인정한다. 그래도 말이지, 이건 참 발칙한(!) 반항이었다.
　　　　　　어찌 보면 인간의 원초적인 본능과 질투에서 시작된 스태프 복불복. 그 첫 단추는 전남 나주에서 시작되었으나 그 절정은 단연 〈전남 영암 월출산〉 편이다.

이름하여,
'영암대첩'이라 불리는 그날!

1박 2일 추억의 밤
영암 고택 안용당

멤버들의 잠자리이자, 스태프 복불복이 벌어진 곳. 안용당은 조선 숙종 때 지어진 340년 된 한옥으로 '모든 일이 순조롭게 잘되라'는 뜻을 담고 있다.

주소 전남 영암군 군서면 도갑리 150
문의 061-472-0070
홈페이지 http://anyongdang.byus.net
가격 2인 1박 5만 원 (1인 추가 시 1만 원)

설상가상 비까지 추적추적 내리는 밤에 탁구, 족구, 단체 줄넘기 이렇게 세 경기를 치렀다. 80명 대 6명이 잠자리를 걸고 펼치는 대결에서 결국 스태프 팀이 한데서 잠을 자는 초유의 사태가 벌어졌다. 특히 족구 경기에서 일부러 그랬는지 실수였는지 아직도 그 답을 알 수 없는 MC몽 매니저 이훈석의 역적 행위로 스태프 80명이 비 오는 날 땅바닥에 자게 생겼다. 코앞에 멀쩡한 모텔을 두고 난민촌이 따로 없는 풍경이다. 작가들은 예약했던 숙소에 전화해서 못 간다고 양해를 구했다(물론 숙박비는 지불했다). 당시 〈해피선데이〉 팀장이던 이명한 PD는 그래도 팀장이라고 지붕이 있는 '개집'을 하사 받았고, 파트별 감독님에게는 평상이 주어졌다. 스태프 팀의 패배에 결정타를 날려 생명의 위협을 느낀 이훈석 군은 자비를 털어 읍내에서 천막을 구해 오고, 조명팀은 천막의 골조 공사를 위해 기꺼이 장비들을 내놓았다.

**여보, 나 오늘 야외 취침이야~
진짜 밖에서 잔다니깐!**

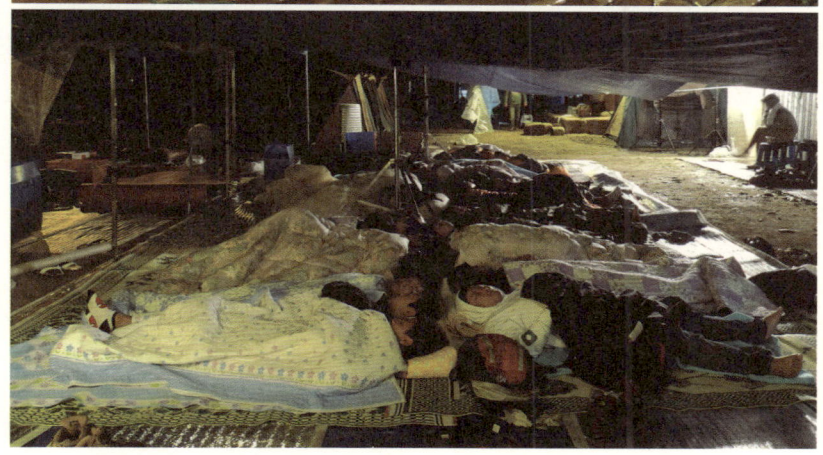

평소 무뚝뚝해 화를 낼 줄 알았던 스태프가 의외로 소년처럼 아들에게 전화를 걸어 자기도 야외 취침 한다고 자랑하고, 군기 세기로 유명한 카메라팀도 어느새 셀카 모드다. 다들 뭐가 그리 우스운지 얼굴에서 웃음이 사라지지 않는다. 하긴 설마, 진짜로 밖에서 잘 줄 몰랐으니 이 상황 자체가 웃긴 거다. 여기에 비까지 내리니 대박 방송의 모든 조건이 갖춰졌다. 멤버들은 방에서 자니 좋고, 스태프는 새로운 경험이 즐겁고, 연출팀은 시청률 잘 나올 것 같아 좋고…. 정말 행복한 밤이다.

두뇌가
오토매틱으로 돌아가는 때를
경계하라

촬영을 하다 보면 '이거 해도 되나?' 싶은 것들이 있다. 한 번도 안 해 봐서 그 결과를 알 수 없는 것. 그런데 이런 것들이 꼭 대박난다. 현장에서는 어쩔 줄 몰라 헤매고, 편집할 때도 '이거 괜찮나?' 싶은 것들이 시청자들에게는 백발백중 호평을 받는다. 영암대첩이 그랬고, 신입 PD 몰래 카메라가 그랬고, 오프로드 레이스가 그랬다.

〈1박 2일〉 회의를 하면서 가장 경계하는 것이 있다면 바로 회의가 일사천리로 술술 풀리는 경우다. 촬영 장소와 콘셉트가 정해지고, 거기에 어떤 구성을 넣을 것인지 줄줄 나오면 머릿속에서 경종이 울린다. 이건 뻔한 거다! 프로그램을 만드는 사람들이 기계적으로 떠올리는 것이라면 시청자들도 마찬가지다. 리얼 버라이어티 프로그램을 하면서 절대 믿지 말아야 할 것이 바로 버라이어티 좀 했다는 선수들의 감이다. 버라이어티 선수들이 재미있다고 자신하는 것을 시청자들은 하나도 재미없어 한다. 재미있다는 기준 자체가 경험에서 나오는 것이라, 시청자들도 이미 한 번은 봤다는 뜻이다. 다시 말해 하나도 안 새롭다. 새롭지 않으면 곧 망한다. 리얼 버라이어티 프로그램의 작가가 되고 싶은 후배들이 있다면 명심해라. 오토매틱으로 굴러가는 자신의 뇌를 가장 경계하라. 그래야 시청자들의 시선을 붙잡는 섹시한 구성이 나온다.

이제 남은 건 80명 입수뿐?

영암대첩을 치르고 의기양양해진 〈1박 2일〉 멤버들은 스태프 80명 전원 입수를 꿈꿨다. 이룰 수 없는 꿈이 되어 버렸지만 그때로 다시 돌아간다고 한들, 글쎄 과연 우리가 질까? 방송을 위해서라면, 시청자들을 위해서라면 80명 스태프가 물에 빠지는 대장관이 연출되어야 하지만 그런 광경을 보기는 쉽지 않을 것이다. 스태프 중에는 우수한 인재가 넘쳐난다. 우리 스태프로 말할 것 같으면, 탁구 선수, 소싯적 육상 선수나 유도 선수 등등 각종 종목에 능한 체육인들의 집합이다. 연출진 입장에서는 80명이 물에 빠지는 것도 아주 좋은 결과다. 많은 시청자가 그런 그림을 원하는 것도 사실이고. 하지만 뭐, 그렇다고 일부러 져 줄 수는 없는 일 아닌가. 6명이 80명을 이기기란 쉽지 않다.

역대 스태프 복불복 전적은 3 : 1. 영암대첩을 제외하고
스태프 팀은 단 한 번도 지지 않았다.

방 송 일 _ 2008. 6. 29 ~ 7. 13

촬 영 지 _ 백두산

에피소드 _ 촬영 이동 거리 1000km 이상, 7개월의 준비 기간,
드디어 백두산 천지에 도착하다.
기획부터 현지 답사, 그리고 촬영 확정까지
우여곡절을 거쳐
〈1박 2일〉의 초대형 프로젝트가 시작된다.
국내 최초로
4박 5일간 백두산에서
야생 버라이어티가 펼쳐진다!

10

<1박 2일>의 첫 사고, 초대형 프로젝트

백두산 특집

<백두산에 가다>

〈백두산에 가다〉 편은
시청자 대부분이 백두산 천지의 감동보다
MC몽 담배 사건을 먼저 떠올리는 비운의 에피소드다.
여러 화면을 뒤지다가
초대형 꽈배기를 맛나게 먹는
멤버들이 귀여워서 삽입한 장면인데,
그 뒤에서 MC몽이 흡연 중일 거라고는 상상도 못 했다.
당연히 편집 과정에서 삭제했어야 하는데
우리 눈에 뭐가 단단히 씌었는지,
방송 나가기 전까지 아무도 전혀 알지 못했다.
편집할 때 똑같은 장면을 20번 이상 봤는데,
연출진 중 그 누구도 발견하지 못했다.
단 한 명도!

방송을 보고 우린 모두 기절초풍하는 줄 알았다.
미치지 않고서야 주말 저녁 시간대에

떡-하니 담배 피우는 모습이 나가다니!
진짜 욕먹어도 싸다.

〈1박 2일〉 첫 구설수, MC몽 담배 사건

변명하자면, 사실 처음부터 계획을 잘못 세운 것이 문제였다. 신의주에서 옌지(연길)까지 버스를 타고 가겠다는 것 자체가 무리였다. 15시간 정도 걸릴 것이라 예상했는데 실제로는 25시간 정도 걸렸고, 그것도 중간에 쉬지도 못하고 모두들 버스에 갇혀 있었다. 모든 숙식이 버스에서 이루어졌다. 중간중간 화장실에 가느라 잠시 쉬는 시간을 제외하고 버스는 거의 논스톱으로 옌지로 향했다. 사정이 이렇다 보니 버스 내부는 점점 자기 집 안방처럼 돼 버렸다. 양치질은 기본이요, 식사는 물론인 데다, 빨래까지 너는 신기술이 속속 등장했다. 우린 집에서 할 수 있는 모든 것을 달리는 버스 안에서 해결했다. 그렇게 모두들 잘 버티고 있었다. 모두들 잘 버틴다고 생각했는데 흡연자들은 또 다른 문제로 고통 받고 있었다. 버스는 언제

설지 모르고 담배 생각은 간절했던 것.

참다 못한 스태프 중 한 명이 건의했다. 버스 맨 뒷좌석에서 잠깐 담배를 피울 테니 양해를 좀 해 달라고 말이다. 비흡연자들은 기꺼이 그러라고 했다. 멤버들도 대부분 흡연자라 좋아했다. 그래서 다들 버스 뒷좌석에서 담배 한 개비의 기쁨을 나눴다. 문제는 여기서 생겼다. 카메라를 끄고 담배를 피워야 하는데 버스 한쪽에 고정해 둔 카메라에 MC몽의 흡연 모습이 찍힌 것이다. 〈1박 2일〉을 시작하고 나서 처음으로 맞는 위기였다. MC몽은 모든 게 자기 잘못이라며 자학하기에 이르렀고, 우리는 멤버들도 시청자도 볼 낯이 없었다. 비난 기사가 약 3573개쯤 나고 나서야 겨우 여론이 잦아들었다. 그리고 당연한 수순으로 방송위원회에서 출두 명령 및 진술서를 제출하라는

통보가 왔다. 우리는 중징계 받을 각오를 했다. 이명한 PD는 결혼식 때 입고 고이 모셔 두었던 양복을 꺼내 입고 방송위원회로 향했다. 그런데 놀라운 반전이 우리를 기다리고 있었다. 분명히 중징계를 각오하고 갔는데 결과는 의외로 주의 조치였다. 앞으로 두 번 다시 그러지 않겠다는 일종의 반성문을 쓰고 담당 PD가 주의를 받는 정도에서 끝났다. 우린 프로그램 시작 전에 남사스럽게 사과 자막 정도는 써야 할 줄 알았는데 말이다. 나중에 알고 보니 우리가 쓴 절절한 진술서가 방송위원회 의원들의 마음을 조금이나마 누그러뜨렸다고 한다.

진술서는 흡연자들의 슬픔과 비애를 듬뿍 담은, 눈물 없이는 볼 수 없는 비장한 고해성사 같았다. 그리고 〈해피선데이〉 프로그램 게시판에는 천만 흡연자들이 몰려와 적극적으로 방어를 해 주었다. '담배 피우는 게 죄냐!', '무슨 살인을 저질렀냐! 다 큰 어른이 담배 좀 피운 것 가지고!' 이미 언론에서, 여론에서 있는 대로 욕을 먹었지만 그래도 우린 조금이나마 위로를 받았다. 그러나 그 후로 흡연 사건이 두 건 더 발생했으니 제작진으로서 더 이상 할 말은 없다. 입이 열 개라도 할 말 없다.

잇자국이 너무나 선명한
중국산 과자

변명은 그만하고, 어쨌든 지금 와서 가장 후회하는 발상이 바로 이 무식한 버스 이동이다. 아까도 이야기했지만 버스로 이동하는 시간만 25시간! 이 정신 나간 기획을 누가 했단 말인가? 지금도 이때만 생각하면 멤버들에게, 스태프에게 석고대죄하고 싶다.

무시무시한 25시간 버스 이동으로 중국 촬영을 시작했다. 산을 몇 개나 넘었는지 모르겠다. 그야말로 버스로 호송되는 죄수 같았다. 그런데 설상가상 점심으로 준비한 비빔밥이 더운 날씨에 완전히 상해 버렸다. 아침도 굶었는데 저녁까지 굶을 순 없어 급하게 인근 가게에서 과자를 사 왔다. 한국에서 본 것과 똑같은 과자가 있어 10박스 넘게 샀다. 다들 배고픔에 무서운 속도로 과자를 먹기 시작했는데, 스태프 중 한 명이 봉지를 뜯더니 까무러칠 듯 소리 지른다. 분명히 새로 뜯었는데 봉지 안에는 누가 봐도 100% 분명한, 잇자국이 선명하게 난 과자가 들어 있었다. 새것인데 어떻게 먹다 만 게 들어 있지? 그것도 잇자국까지 선명하게? 아! 역시 중국은 대인배의 나라다. 불량식품의 스케일이 다르다. 이것을 마지막으로 다들 과자에서 손을 뗐다.

7개월 동안 공들인
초대형 프로젝트

〈1박 2일〉이 외국에서 촬영을 한다면 그 첫 번째 로케이션 장소는 반드시 백두산 천지로 정하겠다고 생각했다. 이는 다른 팀원들의 생각도 마찬가지였기에 오랜 준비 기간을 거쳐 백두산으로 향했다. 그런데 이렇게 오래 준비해야 할 줄은 몰랐다. 우리는 중국 정부의 촬영 허가를 받는 데 팀 전력의 80%를 썼다.

당시 중국 정부는 베이징 올림픽을 앞두고 있어 보안상의 이유로 10명 이상 모이는 집회를 이유 불문하고 금지하고 있었다. 특히 중국의 인권 문제가 세계에 알려질까 두려워 외국 언론이 중국에서 촬영하는 것 자체를 전면 통제하고 있었다. 게다가 당시 중국과 한국은 동북공정 문제로 서로 감정적으로 불편하던 상황이었다. 이런 시기에 40명에 가까운 인원이 백두산에 가겠다니, 그것도 천지를 촬영하겠다니 이들이 허가해 줄 리 없었다. 그러나 우린 포기하지 않고 백방으로 수소문해 촬영 허가를 받을 가장 빠르고 정확한 공식적인 방법을 찾기 시작했다.

물론 정식 촬영 허가가 없어도 홈 비디오 카메라 몇 개만 들고 중국에 입국해 몰래 촬영할 수도 있었지만(이전에 백두산을 촬영한 다큐멘터리, 예능 프로그램은 대부분 이런 도둑 촬영으로 진행됐다. 중국 정부가 한국 방송사의 백두산 촬영을 일절 금지했기 때문이다), 전 세계로 나가는 프로그램인데 동네 구멍가게도 아니고 먹튀(!)

로 찍을 수는 없었다. 물론 당시엔 절차가 워낙 복잡하고 시간도 오래 걸려 그렇게도 해 볼까 하는 마음이 들기도 했지만, 명색이 공영 방송인데 KBS의 능력을 믿고 참고 때를 기다렸다.

중국은 사업이건 정치건 간에 가장 중요한 것이 '콴시(關係, 관계)'다. 일단 무조건 담당자를 만나서 밥을 먹고 술을 마셔야 한다. 그리고 다음에 또 만나서 밥을 먹고 술을 마시고 그러는 것이 순서다. 이건 접대나 대접의 의미가 아니라, 인간적인 관계를 먼저 쌓은 다음에 일 얘기를 시작하라는 뜻이다. 우리에게 촬영 허가를 내 주는 부서는 중국의 문화관광부 비슷한 부처였는데 우리는 이들에게 끊임없이 〈1박 2일〉이 단순한 여행 프로그램임을 강조했다. '그 어떤 정치적인 이야기도 하지 않겠다', '한국에서 정말 인기 있는 여행 프로그램이고 한국인들이 중국 관광을 많이 올 수 있게 홍보하겠다'는 등 설득하는 데만 석 달 넘게 걸렸다. 그리고 마침내 중국 공산당에서 서열 50번째인가 51번째인가 하는 당 서기관의 도움으로 극적으로 촬영 허가가 떨어졌다. 물론 백두산 천지 촬영까지 포함해서다. 알고 보니 한국 방송 프로그램 사상 정식으로 허가를 받고 촬영하는 첫 번째 프로그램이란다. 혹자는 무식하게 그걸 6개월 가까이 기다리고 있었느냐며 좀 바보스럽다, 소심하다고도 했지만 마음 편하게 촬영하는 게 최고 아닌가?

태극기
절대 꺼내지 마라

어렵게 떨어진 중국 촬영 허가에서 중국 정부에서 내건 조건은 단 한 가지였다. 절대 태극기를 꺼내지 말 것. 우린 알았다고 했다. 그리고 백두산 천지에 오를 때 가슴속에 태극기를 품고 올랐다. 멤버 전원이 태극기가 새겨진 티셔츠를 재킷 안에 입고 있었고 공안이 안 보는 틈을 타 살짝 재킷을 열어젖혔다. 물론 아주 잠깐이지만…. 걸리면 강제 추방감이었다.

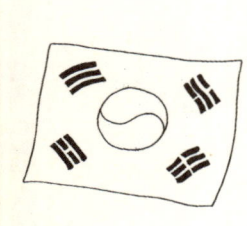
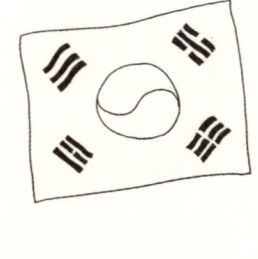

그리고 방송에서는 보여 주지 못했지만
우린 천지에서 아주 잠깐
태극기를 꺼내 들었고
속으로 애국가를 불렀다.

🅐 1박 2일 여행수첩
백두산

촬영과 달리 백두산 여행은 패키지 상품을 이용하는 것이 좋다. 많은 여행사가 백두산 상품을 다루고 있는데 백두산 입구까지는 비슷하다. 백두산 초입에서는 우리처럼 걸어서 가기를 강력 추천한다.

백두산을 오르는 두 가지 방법
① 차를 타고 천지 끝까지 올라간다.
천지를 한눈에 내려다보는 경치가 굿. 하지만 액자 속 풍경처럼 그저 바라만 볼 수 있다. 만질 수도, 마실 수도 없다.
② 〈1박 2일〉처럼 계단으로 올라간다.
물론 힘들다. 하지만 생각보다 길지 않아 어르신들도 도전해 볼 만하다. 특히 계단 옆으로 장백폭포가 계속 따라다녀 눈이 즐겁고 운동도 된다.

백두산과 첫 대면,
오! 놀라워라

천지로 가는 사람들은 대부분 차를 타고 올라가지만 우린 두 발로 걸어가는 경로를 택했다. 천지로 향하는 계단은 무려 1200단. 시멘트로 만든 계단이라 무지하게 지겹고 경사는 70도가 넘는다. 그래서 대부분 직립보행을 포기하고 네 발로 기어서 오른다. 가도 가도 끝이 없는 계단. 멤버들도 스태프도 점점 지쳐 갔다. 게다가 촬영을 하면서 틈틈이 중국 공안의 눈치를 봐야 하기 때문에 힘은 두 배, 세 배로 들었다. 2시간 정도 계단과 사투를 벌였을까. 갑자기 계단이 뚝 끊기며, 눈앞에 너른 평원이 나타났다. 《나니아 연대기》에서 옷장 문을 연 것처럼 계절이, 풍경이 순식간에 바뀌었다. 산 정상에 평원이라니! 이 아이러니한 장면에 흥분됐다. 우린 넓게 퍼져서 드넓은 초원 위를 걸어갔다. 멤버들, 스태프 할 것 없이, 저 끝 어딘가에 있을 천지의 존재에 벌써 가슴이 뛰기 시작했다. 그리고 20분 정도 걸었을까. 사람들이 손가락으로 가리켰다. 백두산 천지가 바로 저기라고. 멀리 보이는 언덕 아래가 바로 백두산 천지라 했다.

**그러자 모두 달리기 시작했다.
누가 시킨 것도 아닌데
마치 약속이나 한 것처럼
앞으로 달려 나갔다.**

바로 저기가 백두산 천지라는 말을 듣자마자 알 수 없는 힘에 이끌려 그냥 가만히 걸어갈 수 없었다. 평원의 끝, 낮은 언덕이 나타나고 우린 한달음에 뛰어올랐다. 그리고 눈앞에 갑자기 거대한 바다가 나타났다. 천지였다. 이건 상상 이상이다. 생각 이상으로 웅장하고 신비로웠다. 나도 모르게 내 눈이 카메라라도 되는 듯 하늘에서부터 땅으로 천천히 훑어 내렸다. 너무나 거대해서 한눈에 담기조차 힘들었다. 무엇보다 말도 안 되게 맑고 투명한 물 색깔에 순간 여기가 이승인지 저승인지 헷갈렸다.

두 달 전 답사를 왔을 때는 온통 눈으로 덮여 있어
어디가 천지인지 분간할 수 없었는데,

**오늘은 이렇게나
선명한 백두산 천지를 볼 수 있다니,
하늘이 도왔다.**

나에게 말을 거는 곳,
거기가 백두산

    천지가 주는 감동의 시간이 흘러가고 후배들과 사진이나 한 장 찍을까 싶어 주변을 둘러봤다. 그 많던 스태프가 한 명도 보이지 않았다. PD, 작가, 멤버들도 안 보였다. 하나같이 몽당 천막 휴게소로 간 것이다.

    천막 휴게소. 백두산 천지에 있는 유일한 매점인 이곳에는 참을 수 없는, 엄청난 유혹의 상품이 있다. 바로 신라면이다. 2700m 정상에서 맛보는 신라면은 그야말로 예술이다.

    라면 수프는 중국 공장에서 만든 거라 한국에서 먹었던 맛과는 좀 달랐지만 그래도 천막에 옹기종기 모여앉아 천지의 감동을 쏟아 내며 먹는 신라면은 백두산 천지 여행의 백미라고 할 수 있다. 문제는 주객이 바뀐 사람도 꽤 있다는 사실이다. 이번에 책을 내면서 스태프에게 "백두산 천지에서 어떤 감동을 느꼈어?" 라고 물으면, 돌아오는 첫 번째 대답은 죄다 "거기 신라면이 예술인데!"였으니 말이다. 천지에서 먹는 신라면이 최고라는 게 아니라 신라면을 천지에서 먹으니까 예술이라는 논리다. 천하의 백두산 천지도 신라면을 이기지 못하다니. 스위스 융프라우 정상에서도 신라면이 건재하고, 지구 끝 칠레의 푼타아레나스에서도 신라면이 인기란다.

한국인의 힘은 매운 맛이라더니,
1600년 전 광개토대왕의
사인은 물의 신 하백의 아들을 가리키는 '卄'이지만,

현대를 살아가는
한국인의 사인은
신라면인 것일까?

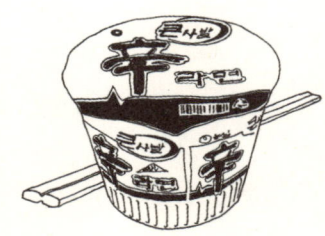

옌지에서 발견한
짝퉁 이승기 CD

옌지 답사 때 어느 가정집을 방문했는데, 마침 그 집 식구들이 모여 앉아서 〈우리 결혼했어요〉를 보고 있었다. 그것도 실시간으로 말이다. 불법이긴 하지만 위성 안테나를 달면 한국과 거의 동일한 시간에 한국 방송을 모두 시청할 수 있다고 한다. 한국 방송을 많이 보느냐고 물었더니, 한국 방송을 안 보면 학교에 가서 얘기가 안 통한다고 했다.

"그럼 혹시 옆 채널에서 〈1박 2일〉도 하는데 그건 안 보니?"라고 했더니, 시크한 이 집 아들이 자기는 '우결' 본다며 〈1박 2일〉은 재미가 없단다. 그래서 우린 가슴에 큰 상처를 안고 옌지에서 어떤 것도 기획하지 않았다. 하지만 촬영 당일, 우리는 완전 잘못 짚었다는 걸 깨달았다. 멤버들을 포함한 스태프 전원이 인파에 둘러싸여 오도 가도 못 하는 상황이 돼 버린 것.

우리 프로그램을 알고 있다는 게 너무나 신기했고 감사했다. 우린 조금이라도 보답하고 싶었다. 회의 끝에 옌지에서의 모든 일정을 취소하고, 가진 재산이 가수들이라 급하게 공연을 하기로 했다. 아이러니하게도 이 갑작스러운 공연 계획에 중국 공안이 가장 큰 도움을 주었다. 앞서 말했다시피 10명 이상이 모이는 행사나 모임은 금지돼 있었다. 룽징중학교 교장선생님, 옌지방송사 기자의 도움으로 룽징중학교에서 즉석 공연을 할 수 있었다. 더 놀라운 사실은 이 모든 것이 2시간 안에 이뤄졌다는 것이다. 무대는 학교 조회대였다. 그런데 마이크는 먹통이고, 스피커는 앞에서 딱 두 줄까지만 들렸다. 관객은 가득 모였고 뭔가 보여 줘야 하는데 뭘 어떻게 해야 할지 깜깜했다. 강호동이 순발력 있게 쩌렁쩌렁한 목소리로 멤버들을 소개하기 시작했다. 그런데 우린 가수들이 노래를 해야 하는데 반주 CD도 없고, 마이크도 안 되니 이를 어찌해야 하는지 몰라 패닉 상태였다.

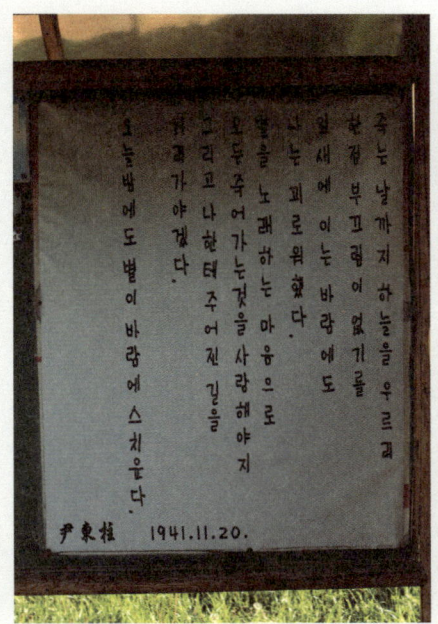

🏠 1박 2일 여행수첩
윤동주 생가

옌지에서는 〈1박 2일〉이 별 인기가 없으니 그냥 시인 윤동주의 생가나 방문하쟤' 라고 결정하고 답사 길에 방문했다. 룽징시 명동촌에 있다. 유년기의 윤동주가 공부했던 방, 방학 때 돌아와 시를 쓰던 방이 당시 그대로 복원되어 있다.

그때였다. 중국 촬영을 도와주던 현지 코디네이터가 아이디어를 냈다. 학교 옆 음반 가게에서 한국 가수들의 CD를 판매한다는 것이다. 급하게 매니저들이 뛰어갔다. 물론 그때까지 강호동은 열심히 시간을 벌고 있었다. 돌아온 매니저의 손에 CD 2장이 들려 있었다. 하나는 MC몽 베스트, 또 하나는 이승기 베스트. 은지원 CD가 없어서 아쉬웠지만 그래도 이게 어딘가? 일단 MC몽 노래부터 틀었다. 음질은 최악이지만 그래도 함께하니 벅찼고 분위기도 좋았다. 그리고 다음 차례는 이승기, 그런데 이게 웬일인가? CD 뚜껑을 열어 보니 CD 한가운데가 쩍~ 갈라져 있는 것 아닌가. 쪼개졌지만 어떻게 음악이 나오게 할 수는 없겠느냐고 오디오 감독을 닦달했지만 소용없는 일. 눈물을 머금고 승기에게 사인을 보냈다.

승기야, CD 안 돼.
그냥 생으로 해.

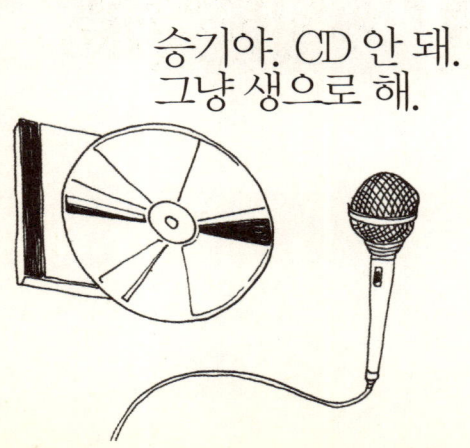

승기는 망설이지 않고 곧바로 라이브에 돌입했다. 반주 CD도 없고, 화려한 조명은커녕 다들 몰골이 말이 아니였다. 그래도 호응해 주고 기뻐해 주는 동포들이 앞에 있으니 멤버들은 초능력을 발휘해 최선을 다해 노래했다. 그리고 난 머리를 쥐어뜯었다. '가수가 넷이나 있는데 CD 한 장 안 가져오고 뭐했냐? 에라, 바보 멍청아!'

내려오는 멤버들의 얼굴에는 벅찬 감동이 가득했다. 목소리는 쉬어서 갈라지고 얼굴은 땀으로 범벅이 됐지만 성취감이 가득했다. 난 차마 이들의 얼굴을 볼 수 없었다. 너무 미안하고 고마워서. 그랬다. 시작은 무모했으나 그 끝은 창대해진 미션. 백두산이 그랬다.

가끔 내 감정이 너무나 메말라져 몹쓸 상태가 되면 〈백두산에 가다〉 편을 떠올린다. 그 험난한 여정, 언제나 그렇듯 예기치 못한 돌발 상황들, 거기서 삐져나온 '예능감'들의 폭발적인 웃음들, 또 눈물들.

사람은 이래서
어디론가 떠나야 한다.

우정's Memory 5 · 〈1박 2일〉 작가 소개

나를 지탱해 주는 힘, 고마운 너희들

처음부터 끝까지 〈1박 2일〉 작가들은 동일하다. 단 한 명의 낙오자도, 이탈자도 없다. 혹시 잘나가는 프로그램이니 돈도 많이 줄 것이고, 일하는 사람도 많아 작가는 편할 것이라고 생각하는 사람들이 있다면 미안하지만 그 꿈은 깨길 바란다.

공영방송 KBS가 작가료를 많이 줄 리 없고, 일의 양은 상상을 초월한다. 월·화요일은 회의하고, 수·목요일은 답사 가고, 금·토요일은 촬영하고, 토·일요일은 편집본을 본다. 다시 월·화 요일 회의하고, 수·목요일 답사 가고… 무한 반복이다.

어떤 땐 일주일 내내 길바닥을 헤매고, 섬에 들어갔는데 강풍이라도 불면 며칠씩 거기 갇히고, 일 년에 한두 번은 술 취한 시골 어르신에게 멱살이 잡혀 눈물을 뚝뚝 흘린다. 그래도 우린 한 명도 놓치지 않고 여기까지 함께 왔다.

일주일에 7일을 함께 먹고 잤다.
사직 사건, 흡연 사건, 김C 하차와 MC몽 사건,
각종 조작설 등을 함께 겪으며
우리는 서로가 서로에게 가장 든든한 아군임을 확인했다.
그리고 험한 버라이어티 프로그램 바닥에
단단하게 뿌리 내릴 수 있는 단비가 되어 주었다.
내가 가진 전력의 9할은 후배들이다.
든든하고 고마운 후배 작가들을 자랑하고 싶어 짧게 소개한다.

No.2

내 오른팔 최재영

<1박 2일> 사진첩을 정리하다 보니 전국 팔도 어디를 가든 재영이가 있었다. 벌교에서는 꼬막을 캐고 있고, 신의도 염전에서는 소금을 캐고 있다. 지리산 둘레길 모든 코스에도 재영이가 있었다. 메인 작가인 나는 주로 세치 혀로 모든 걸 해결한다. 이런 나를 100% 완벽하게 서포트하는 후배가 재영이다. 성실함은 물론이요, 글발도 좋아 <1박 2일>의 주옥 같은 오프닝 멘트, 클로징 멘트는 대부분 이 친구가 쓴 작품이다. 간혹 이런 글발을 사과문에 사용하는 경우가 있어 미안하기도 하지만, 사과문도 결국 글의 한 종류 아닌가? 천성이 착하고 정이 많아 시골 할머니, 할아버지만 보면 벌써 눈에 눈물이 그렁그렁하다. <1박 2일>의 따뜻한 감성, 인간 냄새 나는 그 모든 정서의 시작은 바로 이 친구에게서 나온다고 보면 된다.

No.3

까나리 제조자 조미현

많은 사람들이 묻는다. 까나리는 누가 타느냐고? 바로 이 친구가 만든다. 까나리뿐만 아니라 매운 어묵, 소금 식혜, 식초 수정과 등 온갖 벌칙 음식 제조는 미현이 담당이다. 기본적으로 센스가 있고 순발력이 좋아 현장에서 그 진가가 100% 발휘되는 스타일이다. <서울 한강> 편이던가, 매운 어묵을 제조해야 하는데 버너가 없었다. 캡사이신(불닭 소스)은 열을 가해야 그 매운 강도가 확 올라가는데, 현장에서는 불을 피울 수 없어서 다들 발을 동동 구르고 있었다. 이때 한쪽 구석에서 미현이가 어묵 꼬지에 불닭 소스를 발라 라이터로 지지고 있었다. '아! 저런 아이디어가!' 다들 입이 쩍 벌어졌다. 게다가 학창 시절부터 가수 김혜연의 골수팬이어서 <1박 2일>의 기상 송으로 '뱀이다'를 쓰게 된 아이디어 역시 이 친구 작품이다. 하루 24시간 중 23시간 59분을 말하는 언어의 연금술사.

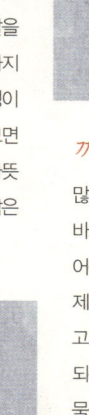

No.4

이장님 전담 마크맨 이선혜

성격이 바르고 싹싹해 시골 어디를 가든 어르신들에게 인기 폭발이다. 가거도 이장님은 아직도 선혜에게 총각을 소개하겠다 하시고, 밀양 이장님도 며느리 삼고 싶어 하신다. 참한 성격 못지않게 글발도 좋아 지리산 둘레길 내레이션을 거의 혼자 쓰다시피 했다. 나름 인하문학대상 출신에 장래희망이 소설가다. 여린 이미지와는 달리 작가로서 강단도 있고 근성도 있어 조만간 입봉할 것 같다. 팀 내에서는 천재 이선혜로 통하는데, 글발은 좋지만 간혹 엉뚱한 소리를 할 때가 있다. "언니, 함무라비 법전에 이런 말이 있잖아요. 눈에는 눈, 코에는 코." 이런 식이다.

No.5

홍대 이장 김대주

처음 대주에게 시킨 일은 '고속도로에서 잡히는 라디오 주파수 알아보기'였다. 다른 후배들 같으면 인터넷을 뒤지거나 교통방송사에 전화하는 정도일 텐데, 대주는 남산 송신소에 전화를 하더니 대한민국에 송출되는 모든 주파수를 지역별로 체계적으로 정리해서 가지고 왔다. 이때 확신했다. '이놈, 일 잘하는구나.' 물론 그 후에도 대주는 어떤 일을 맡겨도 완벽하게 처리했다. 국문과 출신이라 그런지 보도자료 한 장을 써도 글맛이 다르다. 본래 꿈이 가수라는데, 내가 보기엔 작가가 천직이다. 가수를 꿈꾸며 지금도 밤마다 홍대를 하이에나처럼 돌아다니는데, 혹시 홍대 근처에서 대주를 만나면 빨리 집으로 들어가라고 꼭 전해주시길.

No.6

무에타이 고수 김란주

팀에 가장 늦게 합류한 막내 작가 란주. 다른 팀에 가면 적어도 작가 서열 3, 4번째는 될 텐데 여기 와서 묵묵히 막내 일을 하고 있다. 촬영 때는 거의 잠도 안 자고 24시간 대기중이다. 뭐 하나 부탁하면 산을 몇 개 넘어서라도 무조건 해결한다. 사실 《1박 2일》 막내 작가는 엽기적으로 일이 많다. 소품만 세 트럭이 넘고 촬영 하루 전날 장소, 소품 등을 섭외해야 하는 경우도 많다. 하지만 그때마다 란주는 절대 나에게든 팀 내 누구에게든 힘들다는 내색을 하지 않는다. 항상 내가 초심을 잃지 않도록 알람이 되어 주는 후배가 바로 란주다. 합기도 3단에 무에타이 유단자로, 그 험한 지리산 둘레길도 한 손을 주머니에 넣고 경공술 하듯 뛰어다녔다. 최근에는 상대를 3초 안에 즉살시키는 무슨 특공무술을 배우고 있는 중이다. 옆자리 대주가, 그럼 자기는 사격을 배우겠다며 계속 깐죽대는데 저러다 한 대 맞을까 걱정이다.

우정's Memory 6 · 첫 촬영의 추억
본능 앞에서 무너진다?
아니, 살아났다!

멤버들, 처음 밖에서 자던 날

저 사람들이 진짜 밖에서 잘까? 사상 초유의 연예인을 굶기고 밖에서 재우는 무전 여행. 〈1박 2일〉 첫 촬영, 멤버들이 처음으로 밖에서 자던 날. 난 사실 불가능하리라 생각했다. 아무리 '리얼 버라이어티'라고 한들, 명색이 연예인인데 길바닥에 재워도 되는 건지 걱정이 됐다. 아침부터 폭염은 시작됐고, 아직 강호동과는 어색한 사이고, 그런데 이들을 밖에서 재워야 한다. 초면인 데다 노홍철은 연예계에서 알아 주는 깔끔이, 은지원은 부잣집 아들의 아이콘 아닌가. 그런 사람들을 길바닥에 재워야 한다. 해는 점점 떨어지고 거창하게 잠자리 복불복까지 했는데 과연 야외 취침이 가능할까? 하지만 브라보! 이들은 너무 피곤했다. 아침 7시에 오프닝 멘트를 한 뒤 운전하고, 밥하고, 텐트 치다 보니 이들의 체력은 바닥이 났다. **밖에서 자니 못 자니 불평불만을 털어놓기도 전에 이미 평상과 한 몸이 되어 버렸다.**

강호동이 화내는 모습 본 적 있는 사람?
강호동 출연료가 얼마더라?

지원아 지금 너, 코 고는 거니?

제작진 역시 첫 촬영에 대한 부담감과 강행군으로 녹다운되긴 마찬가지. 앞에서 말한 충북 영동의 어느 한 느티나무 아래서 멤버들을 포함해 전 스태프가 체력 방전, 한마디로 배터리 아웃되어 깊은 잠에 빠졌다. 다음 날 아침, 멤버들을 본 순간 미안한 마음이 들었지만 그때 확신했다. 눈을 떠 보니 멤버들은 모두 어젯밤 잠들었던 모습 그대로 평상에 널브러져 있었다. "어? 이거 못 보던 그림인데." "지원이 지금 코 고는 거야?" 잠에서 깨니 배가 고프고, 배가 고프니 당연히 싸움이 났다. 그때도 확신했다. "어? 이것도 못 보던 그림인데." 강호동과 은지원이 컵라면 하나를 놓고 싸우기 시작하니 카메라 감독은 슬그머니 내려놓았던 카메라를 들고 찍기 시작했다. 대놓고 찍으면 연기자들이 촬영용 톤으로 말할까 봐 카메라로 어깨에 올리지 않고 무슨 일수 가방처럼 옆구리에 살포시 차고 조용히 REC 버튼을 눌렀다. 그리고 나와 나영석 PD는 눈앞에서 펼쳐지는 인간의 원초적인 모습에 큰 깨달음을 얻었다. '아~ 이런 게 새로운 그림이구나!' 내로라하는 연예인들도 굶겨서 방치하니 저절로 그림이 나왔다. 스토리는 물론이고.

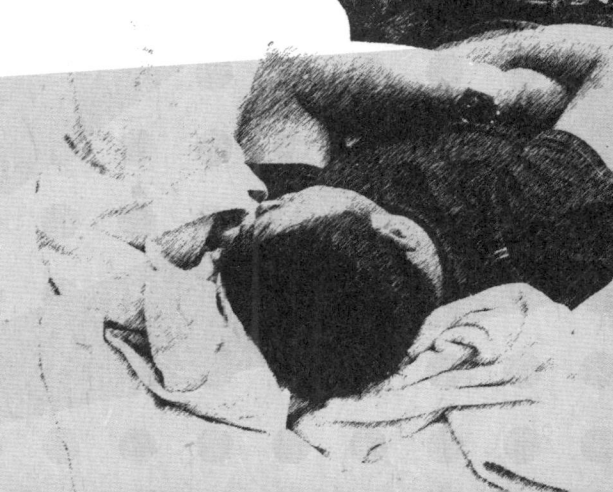

까나리 액젓은 가거도에서 탄생했다

〈1박 2일〉의 리얼하면 떠오르는 것이 복불복 게임. 그리고 복불복 게임의 단골 주인공은? 〈1박 2일〉이 탄생시킨 불후의 맛, 천상의 맛! 까나리 액젓 되시겠다. 그 누가 감히 이 앞에서 맛을 논하랴! 까나리 액젓이 복불복 게임의 벌칙으로 처음 등장한 건 첫 방송이 아니다. 바로 2007년 12월 가거도 편. 우리는 3잔의 아이스커피와 3잔의 '아이스 까나리카노'를 준비했다. 강호동을 비롯한 멤버들은 12월 한겨울에 아이스 커피가 웬 말이냐며 융통성 없는 제작진이라고 놀렸지만, 알다시피 까나리 액젓은 아이스 커피와 색깔이며 농도가 아주 비슷하다. 그러니 한겨울에 아이스 커피를 준비했지.

첫 번째로 걸린 사람은 우리의 기대주 MC몽. 몽이는 담담하게 한 컵을 원샷했다. 그때 연이어 승기가 고른 것도 까나리 액젓이었지, 아마.

방송가 어록 중
"하늘 아래 새로운 것 없다"라는 말이 있다.
하지만 난 처음 멤버들이 밖에서 자고,
굶고 싸우던 날 깨달았다.
상황 자체가 처음 있는 일이니
그림도 신선하고, 새롭고
한마디로 '섹시'했다.

리얼 야생 버라이어티 〈1박 2일〉

이 세상에 'Something new'가 주는 매력만큼 끝내주는 게 또 있을까? 스태프도 역시 길바닥에서 자는 건 처음이라 다들 몰골이 말이 아니었다. **첫 촬영을 마치고 돌아오는 버스 안, 나영석 PD 얼굴에는 폐유가 좔좔 흐르고, 후배 작가들의 머리는 떡이 질 대로 져 이미 두바이였다. 그래도 다들 뭐가 좋은지 얼굴에는 웃음이 번져 있었다.**

Photo Essay

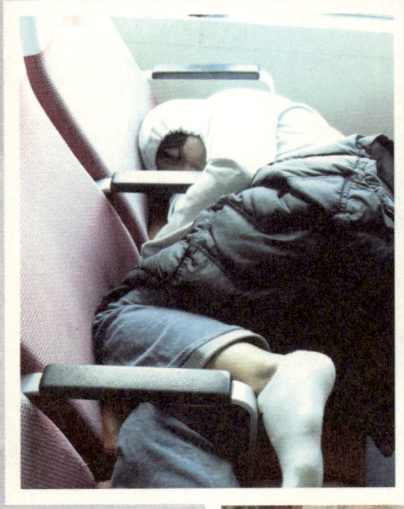
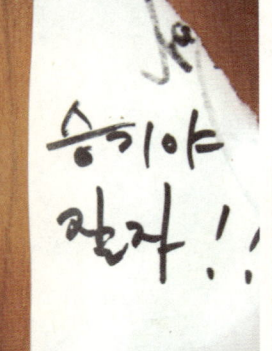

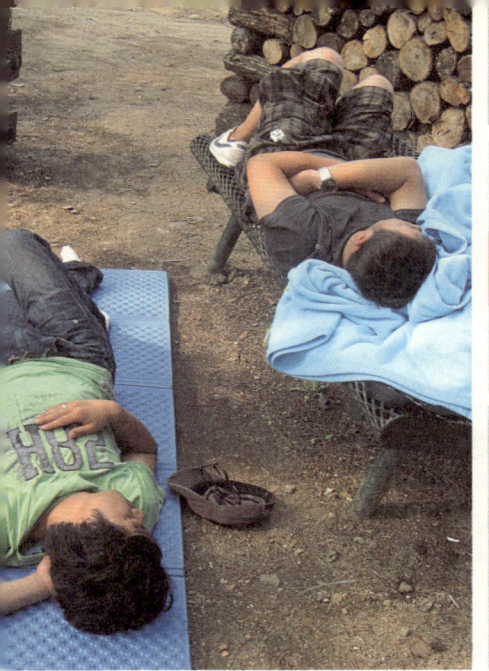

강호동 님~ 🐷
세면도구, 수건
있_어요!!

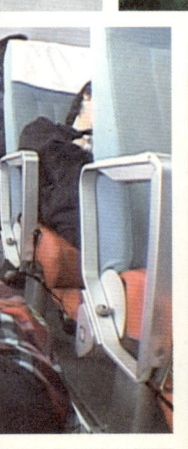

방 송 일 _ 2008. 12. 14 ~ 21

촬 영 지 _ 전남 해남군

에피소드 _ 추위를 친구로 삼고
배고픔은 애인이 되는 겨울.
〈1박 2일〉은 겨울을 만끽하기 위해
400년 전통의 한옥 여관, 유선관을 찾았다.
대한민국 영화계의 거장, 임권택 감독이 반해
〈서편제〉, 〈장군의 아들〉, 〈천년학〉을 촬영한 곳!
그런데 폭설이?
아무리 추워도, 아무리 눈이 내려도
야외 취침은 거를 수 없다!

11

폭우, 강풍 그리고 폭설

그중 제일은 폭설이니라

〈유선관〉

수학능력시험 보는 날 배탈이 난다든지,
소개팅을 하는데 도저히 방귀를 참을 수 없다든지,
프러포즈를 준비한 날 이별 통보를 받는다든지.
이런 경험, 해 본 적 있는가?
적어도 누구나 한 번은, 그래 살면서 한 번 정도는 겪는다.
예기치 못한 사건, 사고 말이다.
그런 상황에서 당신은 어떻게 하는가?
멍하니 바라보는가, 덩실덩실 춤을 추는가?
〈1박 2일〉 촬영 중에 돌발 사건이 생긴다면
난 덩실덩실 춤을 출 확률이 높다.
촬영을 시작하기 전, 제작진은 단체로 하늘에 빌고 또 빈다.

하느님!
이번에는 폭우에다
번개 두 방만 때려 주소서!

아니면 폭설은 폭설인데,
촬영 처음부터가 아니라 중반부터 오게 해 주소서!

리얼 버라이어티에 가장 큰 선물은?
폭우, 폭설, 강풍!

리얼리티를 표방하는 프로그램은 그야말로 돌발, 변수, 해프닝, 이런 단어들을 아주 좋아한다. 아니, 아예 환장한다. 폭우, 폭설, 강풍이야말로 최고의 선물이다. 리얼리티 프로그램은 정해진 대본에 따라 움직이는 게 아니라 그때그때 벌어지는 상황에 따라 탄력적으로 진행되기 때문이다. 따라서 돌발 상황, 감당할 수 있을 정도의 사건 사고가 생기면 그야말로 그날은 잭 팟이 터진 거다. 아! 소품으로 날씨를 만들 수만 있다면 얼마나 좋을까? 그게 안 되니, 하늘을 바라보며 간절히 빈다. 비야 내려라, 눈아 내려라, 바람아 불어라!

이른 아침부터 시작된 해남 촬영 날. 초반부터 날씨가 영 꾸물꾸물한 게 감이 좋았다. 강찬희 카메라 감독은 이날의 베이스캠프인 유선관을 보더니 한마디한다. "여기는 눈이 오면 더 예쁘겠는데." 고즈넉한 산사 아래 숨은 듯이 자리한 유선관. 화려하진 않지만 소박한 매력이 있고 아기자기하면서도 400년 전통의 묵직한 깊이를 느낄 수 있는 곳이다. 이렇게 그냥 있어도 아름다운데 눈까지 내려 준다면 얼마나 좋을까. 게다가 서울에서 차로 5시간 30분이 걸려 해남까지 내려온 터라 시작하기도 전에 제작진, 출연자가 모두 체력이 바닥난 상태. 조금만 받쳐 주면 그림이 나올 확률은 그야말로 100%다.

🌙 1박 2일 추억의 밤
유선관

우리나라에서 가장 오래된 여관으로 영화 〈서편제〉, 〈장군의 아들〉의 배경이 된 곳이다. 방송이 나가고 나서 예약 전화가 폭주했다는데, 방송을 타기 전에도 블로거들 사이에선 유명하던 곳. 봄, 여름, 가을은 다른 사람에게 양보하고 무조건 겨울에 가자. 유선관은 그때가 가장 예쁘다. 참, 유선관에 가면 동치미를 꼭 먹어 봐야 한다. 유선관 한쪽 뜰에 장독대가 죽 늘어서 있는데, 그중 몇 번째더라? 아무튼 그중에 한 장독에 동치미가 들어 있다. 주인장께 허락을 구하고 동치미 한 그릇 꼭 맛보라. 한입 먹으면 거기가 곧 천국이다.

주소 전남 해남군 삼산면 구림리 799 (두륜산 대흥사 내)
문의 061-534-2959
요금 8인용 12만 원, 4인용 6만 원, 2인용 4만 원
식사 아침 7000원, 저녁 1만 원

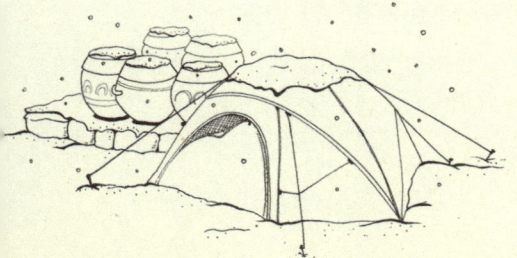

폭풍 눈이
내린다!

날씨가 을씨년해 오프닝 촬영이 축축 처지자 메인 MC 강호동은 어떻게든 분위기를 띄워 보려고 고군분투한다. 어찌 됐든 오프닝 촬영이 끝나고 3 대 3 레이스가 시작됐다. 이날의 미션은 두 팀으로 나누어 최종 베이스캠프인 유선관에 먼저 찾아오기. 출발 신호와 함께 두 대의 차가 출발하자 마치 거짓말처럼 하늘에서 눈이 내리기 시작했다. 처음에는 희끗희끗 날리더니, 레이스가 불 붙자 미친 듯이 쏟아지기 시작했다. 해남 지역에는 10년 만의 폭설이란다. 아! 이게 웬 떡인가? 밋밋할 것 같았던 레이스에 '눈'이라는 큰 축복이 내리니, 카메라 앞에 선 멤버들도, 카메라 뒤에 선 스태프도 실실 웃음이 나오기 시작했다. 한마디로 다들 좋아 죽겠다는 표정이다.

　유선관에서 미리 대기하던 카메라 팀은 이미 대목을 맞았다. 눈 쌓인 장독대, 기와, 눈 내리는 계곡 등 이런저런 경치를 담느라 정신이 없다. 연출진 역시 미리 준비한 게임을 몽땅 취소하고, 그 대신 폭설이 돋보이면서 폭설이 주인공인 게임을 구상하기 시작했다. 눈이 내린다는데 이 정도의 수고야 얼마든지 해도 OK다. 촬영을 하다가 이렇게 폭설이 내리면 그때부터 게임의 승패는 중요하지 않다. 져도 좋고 이겨도 좋다. 멤버들도 스태프도 약간은 감상적이 돼서 뭘 해도 기분이 좋다. 야외 취침 하는 멤버들도 쉬 잠들지 못하고 눈싸

움 한다고 난리고, 제작진도 저쪽 구석에서 어느 장독대에 동치미가 들었는지 수색한다고 난리다.

그저 눈이 내렸을 뿐인데, 한마디로 다들 들떠 있다.

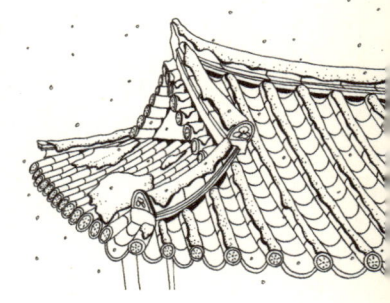

     그중에서도 내가 제일 기분이 좋다. 고향이 남쪽이라 그런지 몰라도 아직도 눈만 보면 신기하다. 하늘에서 허연 것들이 떨어지는 것도 신기하고, 평범한 날이 특별한 날이 된 것 같은 기분 좋은 착각도 든다.
     유선관은 있는 그대로도 아름답다. 작지만 내공이 느껴지는 소박한 한옥에 머무는 날, 하늘이 우리를 제대로 도왔다. 내리는 하얀 눈으로 '용의 눈'을 찍으니, 그야말로 화룡점정이 따로 없다.

빠져라, 먹어라,
그리고 느껴라!

　　　　　　야생에 충실할수록 이야기는 깊어지고 그림은 아름다워진다. 유달리 춥던 해남에서도 그 법칙, 예외는 아니었다. 우선 입수. 베이스캠프까지 오는 레이스에서 졌으니 미리 정한 벌칙대로 김C, MC몽, 수근 세 사람이 계곡물에 입수하기로 했다. 고도가 높아 평지보다 기온이 더 내려간 산골, 눈이 내리는 저녁, 그들은 홀딱 벗고 풍덩 빠졌다. 그 차가운 물에 옷 벗고 뛰어든 그대들이여, 박수 받아 마땅하다. 아! 그리고 가위바위보에서 진 승기가 눈을 맞으며 퍼 온 동치미는 그 어디서도 맛보지 못한 별미였다. 시골 계곡 바람 속에서 제대로 맛이 들었다. 곧이어 잠자리 복불복에서 진 호동과 승기, 지원이 야외 취침 하기 전에 눈을 맞으며 끓여 먹은 라면은 또 어땠는지! 라면은 언제나 먹을 수 있는 흔한 음식이지만 어디서 먹느냐에 따라 그 느낌이 확 달라진다. 폭설이 내리는 밤, 400년 된 한옥이자 93년 된 여관에서 노~란 양은 냄비에 끓여 찬바람에 쫄깃해진 라면을 먹는다. 안 먹어 본 사람은 상상도 못 할 것이다. 이곳에서 내 생애 최고의 라면이 완성됐다고만 이야기하겠다!

　　　　　　폭설이 내리는 그 밤. 여섯 장정이 그냥 서 있기만 해도 그림이 되는 풍경. 멀리서 보면 드라마인데 가까이에서 보면 코미디. 바로 이런 순간이 〈1박 2일〉의 진짜 매력이 아닐까?

📷 1박 2일 추억의 장소
케이블카

다음 날 멤버들이 탄 케이블카는 국내 최장 거리인 1.6km를 운행하는 '두륜산 케이블카'다. 유선관에서 30분 거리에 있고, 올라가는데 10분 정도 걸린다. 케이블카에서 내려 20분 정도 올라가면 두륜산 정상이 나오는데 그곳에 서면 완도만, 강진만, 다도해가 한눈에 보인다. 운이 좋으면 저 멀리 제주도 한라산까지 볼 수 있다.

주소 전남 해남군 산삼면 구림리 138-6
문의 061-534-8992
요금 어른 8000원
이용 시간 여름 08:00~18:00, 겨울 08:00~17:00

방송일 _ 2010. 8. 29 ~ 9. 12

촬영지 _ 지리산

에피소드 _ 뼛속까지 예능인인 여섯 남자가 다큐멘터리 제작에 나섰다!
걷고 싶을 때 걷고, 쉬고 싶을 때 쉬는
사람과 자연의 동반자, 지리산 둘레길.
나무와 풀, 바람과 햇살, 가을을 기다리고 있는 논과
아름다운 계곡이 있는 길 위에
홀로 선 여섯 멤버들.
길 위에서 여섯 남자들의 특별한 이야기가 시작된다.
특집 다큐멘터리 〈지리산 둘레길을 걷다〉

12

뼛속까지 예능人 여섯 남자

둘레길에서 다큐를 찍다

〈지리산 둘레길을 걷다〉

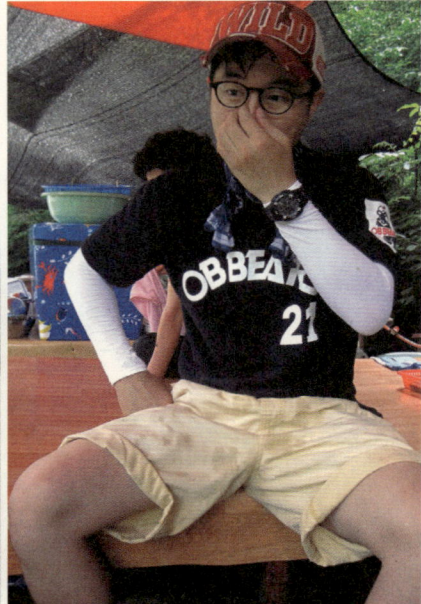

지리산 둘레길은 모두 5개 코스로, 그 길이가 총 70km에 달한다.
우리 팀은 그 구간을 모두 답사했다.
그것도 두 번씩이나(후배들이 죽겠다고 외친 것도 무리가 아니다).
촬영은 8월 말로 잡혔지만 사전 답사는 8월 초에 해야 했다.
태양이 정수리에서 직각으로 때리는 때,
후배들은 등껍질이 벗어지는 고난의 행군에 나섰다.
5개 코스 중에서 3코스가 가장 길고 힘든 코스인데,
하필 살집이 통통해 유난히 도가니가 약한 재영이가
운 없이 딱 걸렸다.
평소에도 등산이라면 고개를 절레절레 흔들던 친군데
무거운 배낭을 메고 땡볕에 산을 넘으려니
메인 작가에 대한 분노와 짜증이 솟구칠 수밖에….
재영이의 분노에 찬 전화를 받고 나서,

'둘레길 촬영은 접어야 하나?'라고 심각하게 고민했다.

그만둔다고?
뭘?!!

선배님, 이건 아닌 것 같습니다.
이 기획은 말이 안 돼요. 저, 그만두겠습니다

재영아, 뭘 그만둬?
둘레길 답사요.
…아!

      복더위가 한창인 8월 초, 지리산 둘레길로 답사를 떠난 재영이가 전화를 했다. 그러더니 대뜸, 그만두겠단다. 아니, 뭘? 아, 답사…. 순간 괜히 철렁했다. 답사 간 친구들이 이렇게 힘들고 짜증나면, 나중에 거길 가는 멤버들도 마찬가지일 텐데 아무래도 무리인가 생각했다. 예능 프로그램에서 천리 행군처럼 주야장천 걸을 수만도 없는 일. 이렇게 낙심하던 차에 재영이에게서 두 번째 전화가 왔다.

선배
여기 완전 대—애—박!
무조건 와야 돼요!

애 지금 장난하나. 아까는 죽겠다며!

제발 3코스만 아니기를!
그러나 당첨!

지리산 둘레길 촬영은 다른 곳과는 달리 베이스캠프가 없었다. 코스가 5개니 멤버들도 다섯으로 찢어져서 다녀야 한다. 당연히 답사도 다섯 팀으로 쪼개져서 진행됐다. 이런 때는 팀 선택이 중요하다. 지금 선택이 촬영 날의 노동 강도를 좌우하기 때문이다. 답사를 했던 팀이 그대로 본 촬영에 투입되니, 서로 눈치 작전이 치열하다. 그래서 항상 총대는 내가 멘다. 스스로 악역을 자처한다고 자위하면서 코스를 배정했다.

원칙은 하나, 노동의 강도와 짬밥의 순서는 반비례한다. 무에타이 3단 보유자 란주에게는 죽음의 3코스를 배정했고, 몸이 가벼워 엄홍길로 불리는 대주는 이른바 빨치산 코스라는 산악 코스 4코스가 제격이다. 조연출들 역시 나이와 경력을 따져 각각 코스가 정해졌다. 서울에서 함께 떠난 우리는 둘레길 안내 센터가 있는 남원시 인월면에서 헤어졌다. 서울에서 다시 만나기로 하고 각자의 길을 떠났다. 나와 나영석 PD는 코스 답사에서 열외되어 따로 오프닝 장소와 클로징 장소를 보러 다녔다. 물론 이날 이렇게 땡땡이 친 대가를 촬영 날 악명 높은 3코스에 걸려 10배로 돌려받았다.

세상사, 공짜는 없다.

역대 최악의 숙소,
김대주, 너!

　　　　스태프에게 지리산 촬영은 역대 최악의 숙소로 기억되고 말았으니. 사건은 김대주의 절약 정신에서 비롯됐다. 〈1박 2일〉 스태프는 카메라팀, VJ팀, 음향팀, 조명팀, PA팀, 진행팀, 코디팀, 매니저팀 등 보통 80명 정도인데, 팀별로 넉넉하게 방을 배정한다. 카메라팀은 인원도 많고 고가의 장비가 많아 특별히 여분으로 방을 더 제공한다. 온종일 고생했는데 제대로 씻고 잠이라도 편하게 자도록 해 주는 것이, 연출진이 스태프에게 해 줄 수 있는 유일한 성의 표시다. 그래서 숙소를 예약할 때 온수가 나오는지, 에어컨은 작동되는지, 이불은 뽀송뽀송한지 꼼꼼하게 체크한다. 촬영 세 번에 한 번 꼴은 마을회관이나 학교 강당 같은 곳에서 80명이 단체로 숙박하지만, 대부분의 경우 스태프의 취침 환경은 매우 양호한 편이다.

　　　　잠자리 섭외는 대부분 작가의 몫이다. 여자 작가들의 경우 씻는 것이 중요하기 때문에 깨끗한 욕실이 1순위다. 반면 남자 작가들은 시설보다 가격이 우선이다. 여기서 드는 의문 한 가지. 자기 돈 쓰는 것도 아닌데 왜 그토록 제작비에 신경을 쓰는 걸까? 보통 시골의 숙박 시설들은 가격 차이가 거의 없다. 도무지 이해할 수 없는 남자 작가들의 사고방식이다. 우리 팀 남자 작가들은 손이 좀 작은 편이다.

아무튼 대주가 엄선한 숙소, 일단 외관부터 여고괴담 수준이다. 근처에 더 나은 모텔들이 수두룩한데, 왜 대주는 굳이 이곳을 택했을까? 작가들은 대부분 멤버들과 함께 산에서 자느라 이 험한 숙소를 다음 날 오후에야 볼 수 있었는데, 간밤에 잠을 설친 스태프의 간증이 쏟아졌다. 세면대의 누런 때를 보고 토악질을 했다, 몇십 년은 묵은 듯한 이불의 때 냄새에 질식할 뻔했다는 등. 평소 수더분하기로 유명한 〈1박 2일〉 스태프가 이렇게 불평할 정도니, 모텔 상태는 안 봐도 비디오였다. 김대주는 벌써 도망가고 없고, 스태프를 달래기 위해 나 PD가 밥을 샀다. 밥과 잠, 둘 중 하나는 제대로 서비스 해야지, 그래야 연출진도 스태프에게 면이 선다. 그 후로 김대주 작가가 스태프 숙소를 잡는다고 하면 다들 뜯어 말린다. 지금 생각해 보니 이 또한 김대주가 펼친 고도의 작전이 아닐까 싶다.

숙소 잡는 일이 귀찮아서 벌인 자작극…. 맞니, 대주야?

옆에 번쩍거리는 모텔을 놔두고
이런 방을 잡은 것은

몰래 카메라냐?!

우린 막걸리 먹으러 둘레길 간다

본 촬영이 시작되었다. 난 보통 강호동과 짝꿍이 된다. 강호동이 편한 데 걸리면 나도 편하고, 강호동이 힘든 데 걸리면 나도 그날은 고생이 한 바가지다. 강호동이 동생들의 수에 말려 이 뙤약볕에 최장 코스인 3코스를 가게 생겼다. 나도 가게 생겼다. 멤버들의 입이 찢어진다. 우리 후배들의 입도 찢어진다. 3코스의 악명은 드높았다. 우리는 헬리콥터를 만나기 위해 산 하나를 20분 만에 넘었고(오 마이 갓), 다음 날 모두가 남원에 모였을 때도 우리에게는 아직 8km가 남아 있었다. 장장 19km에 달하는 3코스는, 산을 하나 넘으면 마을이 나오고 마을을 지나면 계곡이 나오고 계곡을 넘으면 다시 숲이 나온다.

그렇게 힘들고 지친 여정 속에서도 우리에겐 실낱 같은 희망의 목표가 생겼다. 바로 '매점'이다. 힘들어서 쓰러지기 일보 직전에 정말 귀신같이 매점이 짜잔 하고 등장했다. 그래, 지리산 골짜기의 매점에선 뭘 파느냐고? 진짜 지금 이 순간 딱 먹고 싶은 바로 그것을 판다. 시-원한 식혜, 새콤달콤 오미자차, 알싸한 막걸리, 얼음 동동 냉커피, 꼬들꼬들 라면…. 캬~ 우리가 지리산 둘레길을 걸으면서 가장 많이 했던 생각은, 동료 생각도 미래에 대한 생각도 아니다. 오로지 '과연 다음 매점에는 뭘 팔까?' 였다.

지리산 둘레길을 갔다 왔다고 하면
많은 사람들이 어느 코스가 가장 좋았냐고 묻는다.
난 무조건 3코스 추천이다.

최장 코스에서 어디 한번 고생해 봐라 하는 심보는 아니다. 그저 순수한 마음에서 가장 추천하고 싶은 코스가 3코스이기 때문이다. 코스는 비록 길지만 산, 계곡, 마을, 숲 등이 다양하게 있고 무엇보다 매점이 많다. 게다가 코스의 중간쯤에 매동마을이란 곳이 있는데 시골집을 그대로 민박집으로 운영하는데, 마치 외가에서 하룻밤 자는 듯한 기분을 그대로 느낄 수 있다.

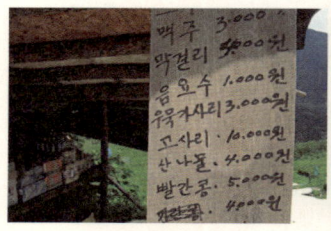 

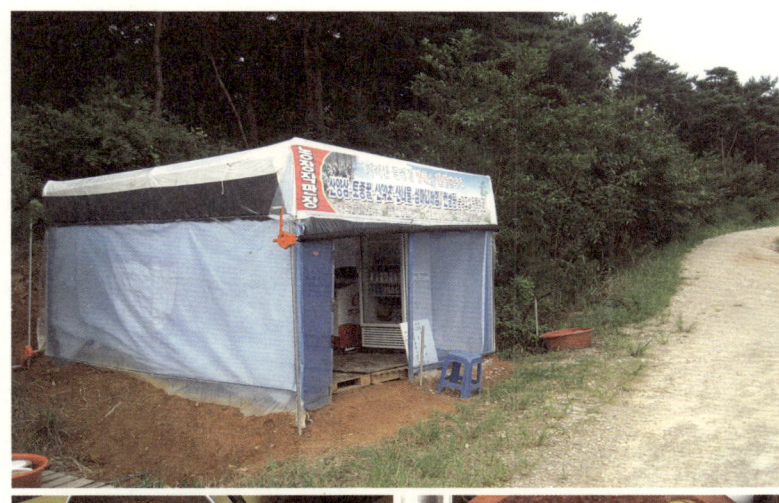

매점에서
10만 원어치 먹은 강호동

아무튼 무더위 아래 길고 긴 3코스를 걷자니 허기는 10분마다 찾아왔다. 우린 보이는 매점마다 모두 다 들러 거기서 파는 음식들을 몽땅 먹어 치운 다음에야 자리를 떴다. 강호동이 끼어 있으니, 둘레길 매점에서 계산만 했다 하면 10만 원은 보통이었다. 마지막 매점에서는 무려 17만 원이나 나왔다. 라면 10개, 식혜 10그릇, 파전 4장, 옥수수 3봉지, 캔커피 10개. 뭐 대충 이렇게 먹어 치웠다. 매점 한 군데에서 말이다. 인간 메뚜기 떼를 방불케 하는 싹쓸이 행군이었다. 우린 미친 듯이 먹고, 원 없이 걷고, 물만 보면 풍당풍당 들어갔다 나왔다.

지금도 지리산 둘레길을 생각하면 시원한 오미자차가 가장 먼저 떠오른다. 그리고 그늘이 되어 준 느티나무가 떠오르고, 그 아래 옹기종기 모여 있는 마을이 생각난다. 매점들이 없었다면 우린 지옥의 열기를 토해 내는 지리산 앞에 무릎을 꿇었을 것이다. 이거 한 가지는 제대로 느끼고 왔다. 우린 걷기 위해 먹은 것이 아니라 먹기 위해 걸었다. 걷다 보니 다른 게 득도가 아니더라.

'우리가 지금 하는 고생,
이게 다 먹고 살자고 하는 일이구나.'

📷 1박 2일 추억의 장소
지리산 둘레길

지리산을 품고 있는 전라남북도에서 경상남도에 이르는 3개 도, 남원·구례·하동·산청·함양을 포함한 5개 시와 군, 16개 읍, 면과 800여 개의 마을을 지나는 장거리 도보 길로, 약 300km의 구간 중에서 5구간, 약 70km가 둘레길 코스로 개통되었다.

종민이가 걸었던 1코스

코스 주천 ~ 운봉 총 14km
소요 시간 6시간
난이도 ★★
특징 해발 500m의 운봉고원(구룡치)만 지나면 평탄한 들길과 제방길을 걷는 비교적 수월한 코스다. 역방향으로 운봉에서 주천을 향해 걸으면 운봉고원에서 주천의 모습을 내려다볼 수 있고 걷기도 훨씬 더 수월하다.

승기가 걸었던 2코스

코스 운봉 ~ 인월 총 10km
소요 시간 4시간
난이도 ★★
특징 길이는 짧지만 그늘이 없어 한여름에는 햇빛을 피할 방법이 없다. 한여름은 무조건 피하고, 혼자 가면 굉장히 심심하니 반드시 친구들과 함께 가길 꼭 추천한다.

호동이와 지원이가 걸었던 3코스

코스 인월 ~ 금계 총 19km
소요 시간 8시간
난이도 ★★★
특징 둘레길 중 그 길이가 가장 길지만 계곡, 들길, 제방길, 다랭이논 등 볼거리가 가장 다양한 구간이다. 전라도와 경상도를 잇는 옛 고갯길 등구재를 중심으로 지리산의 능선과 다랭이논은 경치가 이 구간의 백미! 혹시 체력이 달리면 상황마을에서 시작하는 것도 한 방법이다. 참고로 〈1박 2일〉은 거꾸로 걸었다. 금계에서 출발해서 인월에서 엔딩. 다른 코스에 비해 무인 매점과 쉼터가 많다.

MC몽이 걸었던 4코스

코스 금계 ~ 동강 총 11km
소요 시간 4시간
난이도 ★★★☆
특징 길이는 짧지만 험하고 거친 산악 구간이다. 6개의 산중 마을을 지나는 산길을 통과하고, 그 이후로는 강을 따라 걷는 코스. 처음에 산길이 나오기 때문에 쉽게 지칠 수 있지만, 절반 이상이 평탄한 길이기 때문에 조급함을 버리고 충분히 휴식을 취하면서 걸으면 충분히 완주할 수 있다.

수근이가 걸었던 5코스

코스 동강 ~ 수철 총 12km
소요 시간 5시간
난이도 ★★
특징 계곡을 따라 가벼운 산행을 즐긴다는 기분으로 걷는 코스다. 지리산 둘레길 중 가장 아름다운 계곡길인 상사폭포에 오르는 길이다.

방송일 _ 2011. 6. 26 ~ 7. 3

촬영지 _ 전남 진도군 조도면 관매도

에피소드 _ 〈1박 2일〉 기획 의도 1조 1항 첫째 줄.
'삼천리 금수강산 아름다운 우리나라를 소개한다.'
아름다움을 소개하기 위해서 서울에서 무려 430km 떨어진 진도에서
또 배 타고 1시간 20분을 떠났다.
제작진이 발견하고 나서 감격의 눈물을 흘린 그 섬.
국립공원 1호 명품 마을 관매도로 출발~
우리끼리 떠나는 소박한 여행이 시작된다.
오랜만에 生고생 한번 해 볼까!!

13

다도해에서 가장 예쁜 섬, 관매도에서 밤을 새우다!

〈관매도〉

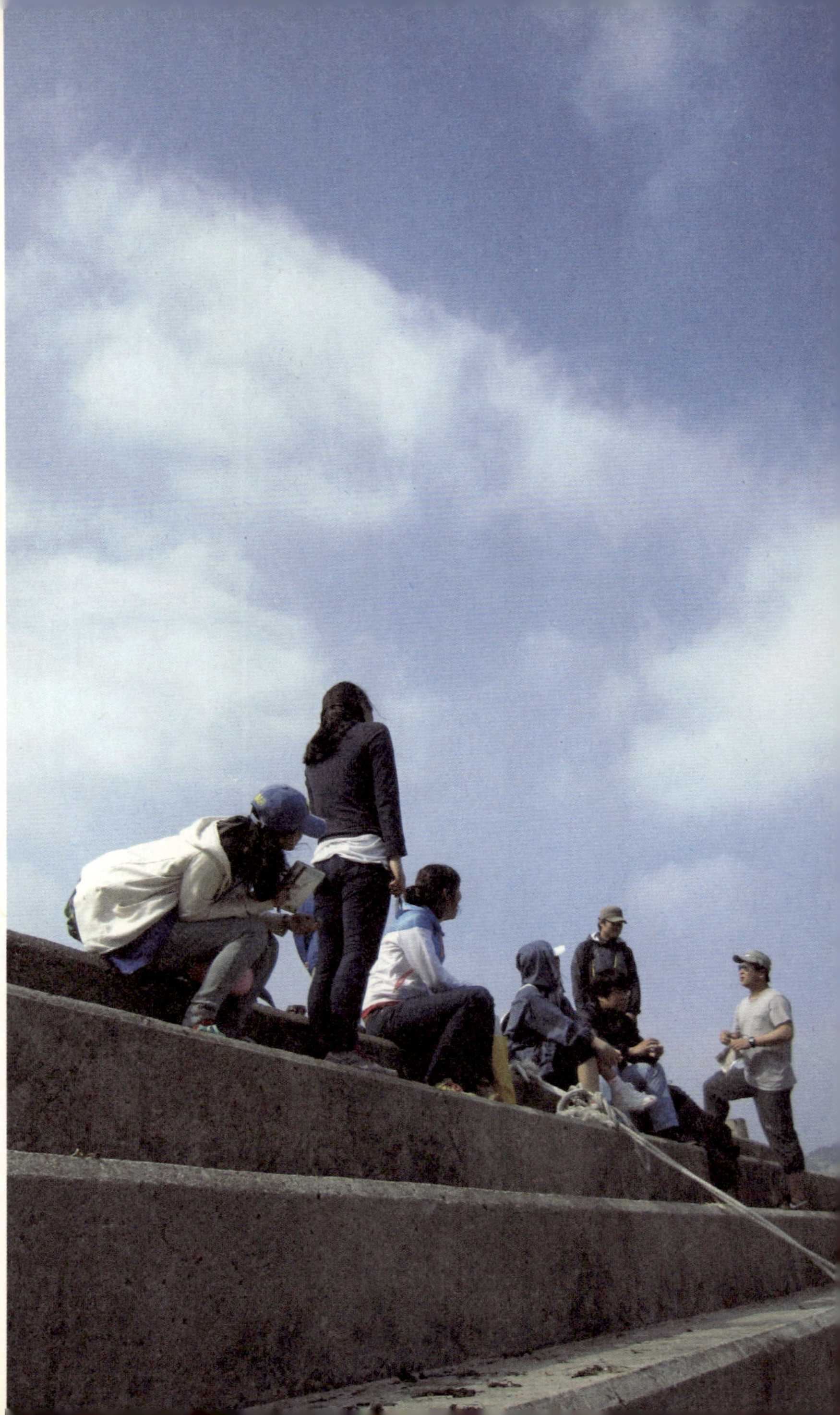

〈여배우 특집〉에 이어 〈명품 조연 특집〉이 끝났다.
김하늘, 최지우에 대한 기사가 매일 쏟아져 나오고
김정태, 고창석이 대한민국의 가장 핫한 인물로 떠오를 만큼
그 여파가 대단했다.
하지만 우리는 다음 촬영에 대한 걱정이 앞섰다.
이제부터가 진짜 문제였다.
한 달 동안의 특집을 마치고 다시 〈1박 2일〉로 돌아왔을 때
과연 어떤 모습을 보여 주느냐?
5주 동안 배우 특집으로 진행된 만큼 어떻게 뒤울림을 빠르게
채워 내느냐가 중요한 화두가 될 수밖에 없었다.
갑자기 텅 비어 보이면 어떡하지? 확 김 빠져 보이면 어쩌지?
고민과 회의의 연속이었다.

확 김 빠져 보이면 어쩌지?
요즘 나가수 너무 세!

다도해 해상 국립공원에서
가장 예쁜 섬

우리가 내린 결정은 "〈1박 2일〉답게" 였다. 〈1박 2일〉 기획 의도 1조 1항, 삼천리 금수강산 아름다운 우리나라를 요리 보고 조리 보고 시청자분들께 좋은 곳을 소개해 드리자. 처음 시작한 그때처럼, 새롭게 시작하겠다는 마음으로 우린 아름다운 여행지를 찾는 데 전력을 쏟았다. 레이스가 아무리 재미있고 훌륭한 게스트가 나와도 여행지가 매력 없으면 뭔가 비어 보인다. 명색이 여행 프로그램인데 훌륭한 여행지는 기본이다. 누가 봐도 아름다운 곳, 하지만 알려지지 않은 곳, 무조건 그런 곳을 찾아야 한다. 진인사대천명, 국립공원 김주원 씨가 구세주가 되어 주었다. 그의 추천으로 우린 관매도로 향했다.

관매도는 행정구역상 진도에 위치한다. 서울에서 진도까지 차로 7시간, 배로 다시 1시간 20분이 걸리는 아주 먼 섬이다. 늘 하는 이야기이지만 이 시간이면 하와이도 갈 수 있다. 국립공원 분들의 추천을 믿고 우린 사전 답사 없이 바로 관매도를 촬영지로 낙점, 전원 픽스 답사를 떠났다. 관매도는 다도해 해상 국립공원에서 가장 예쁜 섬이라는 타이틀이 아깝지 않을 정도로 아름다운 섬이었다. 이런 섬을 그동안 왜 몰랐을까? 답사 일정을 마치니 밤이 찾아온다. 새벽부터 일어나 톳 작업을 해야 하는 주민분들은 일찌감치 잠자리에 들었고 이 섬에서 깨어 있는 사람은 오직 우리들뿐. 눈앞에는 황홀할 정도로 아름다운 백사장이 펼쳐져 있고, 귓가에 들리는 파도 소리는 괜히 마음을 설레게 했다.

📷 1박 2일 추억의 장소
관 매 도

관매도는 전남 진도 팽목항에서 1시간 20분 거리에 있는 섬이다. 국토해양부가 선정한 '다도해 국립공원 중 가장 아름다운 섬'으로 뽑히기도 했다. 더불어 '전국에서 가장 아름다운 숲 1위'인 '곰솔숲', 돌담길과 아름다운 벽화가 있는 '관호마을', 국립공원관리공단에서 지정한 제1호 명품 마을이 있는 관광명소다. 진도의 팽목항에서 배를 타고 검푸른 바다 위를 1시간여 정도 달리면 조도군의 최남단에서 오랜 세월 동안 비경을 감추어 온 관매도를 만나게 된다. "홍도 사람들이 관매도에 웃으며 왔다가 울며 돌아간다"는 이야기가 전해지는 관매도, 230여 개의 유·무인도로 이루어진 전남 진도군의 섬들 중에서 가장 아름다운 풍광을 자랑하는 섬으로 행정안전부와 한국관광공사가 공동 주관한 '2008년 휴양하기 좋은 섬 BEST 30'중에 하나로 선정됐고 전체가 다도해 해상 국립공원에 속한다.

6등급
도시락을 맛보다

촬영 당일, 관매도로 향하는 배. 아날로그 특집답게 추억의 양은 도시락 복불복을 진행했다. 미리 준비된 6개의 양은 도시락. 내용물은 아무도 몰라! 다만, 1등급부터 6등급까지 반찬의 등급 차이가 존재한다는 것. 멤버들은 6개의 도시락 중 하나를 고르고, 스태프는 미리 정한 멤버가 고른 도시락을 같이 먹는 복불복이었다. 맨 처음 도시락을 선택한 엄태웅은 6등급 단무지 도시락이 걸려 조명팀을 절망케 했다. 정말 밥과 단무지뿐이었다. 순둥이 엄태웅, 첫 번째였는데 골라도 그걸 골라. 이어서 이수근은 2등급을, 이승기는 4등급을, 은지원은 3등급을, 강호동은 1등급을, 김종민은 5등급 도시락을 선택했다. 6등급이 단무지라면, 1등급은 뭐였냐고? 자그마치 불고기에 비엔나 소시지까지. 역시 강호동이다.

1) 부잣집 도련님 도시락 : 밥 + 비엔나 소시지, 불고기, 김치에 계란 프라이까지
2) 단백질 듬뿍 도시락 : 밥 + 계란프라이, 분홍 소시지, 김치
3) 병아리 도시락 : 밥 + 계란프라이, 계란말이, 깻잎
4) 완전 평범 도시락 : 밥 + 오징어채, 콩자반
5) 멸치 사랑 도시락 : 밥 + only 멸치
6) 잠 많은 엄마 도시락 : 밥 + only 단무지

청담동 며느리의 우아함,
관매도

진도의 230개 섬 중 가장 아름다운 섬, 너무 아름다워 끝까지 숨겨 놓고 싶은 섬, 관매도에 도착했다. 관매도는 그 어떤 수식어도 필요 없다. 그냥 딱 한마디, 아름답다. 섬을 사람에 비유하자면 가거도는 청년이다. 혈기가 왕성하고 다이내믹하다. 울릉도는 호기심 많은 아가씨. 섬 전체가 약간 들떠 있다. 백령도는 중년 아저씨, 섬 전체에 중후함이 흐른다. 제주도는 엄마다. 없으면 큰일 난다. 관매도는 청담동 며느리다. 머리부터 발끝까지 기품이 뚝뚝 묻어난다. 섬이 우아하다. 그 흔한 횟집 하나 없고, 여관 하나 없다. 어촌인 듯한 농촌을 느낄 수 있고, 섬인 듯한 육지를 만날 수 있는 곳으로 일상의 번잡스러움을 잠시나마 피하고 싶다면 관매도로 떠나면 된다. 가히 치유의 섬이라 할 만큼 평온함을 가져다준다.

관매도는 청담동 며느리다.
섬이 우아하다.

관매도 7경 중 하나인 장독대 그림. 화가가 그린 장독대 그림 아래에 제법 많은 돌들이 쌓여 있다. 누구지? 대체 누가 돌을 갖다 놨을까? 해가 어렴풋이 바다로 넘어갈 무렵, 마을에서 가장 연세 많으신 아흔 살 할머니가 뒷짐을 지고 걸어오신다. 손에는 몽돌이 들려 있다. 할머니는 장독대 그림 아래 큼직한 돌 사이에 몽돌을 내려놓고 다시 집으로 돌아가신다.

"할머니, 돌을 왜 두시는 거예요?"
"장독대 밑엔 원래 돌이 있어야 햐~"

캬. 한국 사람, 이렇게 멋을 안다. 시골에 사는 아흔 살 할머니의 예술감각이 현대미술가들 못지않다. 관매도의 우아함은 이 정도다. 그저 평범한 장독대 그림인데 할머니의 몽돌로 세상에서 가장 근사한 작품이 되어 버렸다.

관매도 7경

관매도의 환상적인 경치 포인트를 방송에 맞게 7곳으로 선정했다. 방송에 소개된 관매 7경을 살펴볼까.

1경 관매해수욕장
일단 어마어마한 크기에 놀란다. 해운대 바다보다 넓고 넓다. 2km가 넘는 백사장에 고운 모래가 일품. 그 어떤 해수욕장보다 깨끗하고 광활하다. 서해 바다답게 한 번 입수하려면 200미터 이상을 달려야 겨우 물에 닿을 수 있고 경사가 완만해서 150m를 들어가도 한 길이 넘지 않는다. 휴가철 가족끼리 놀러 가기 안성맞춤인 곳.

2경 곰솔숲
바다 옆에 넓게, 그리고 가깝게 펼쳐진 국내 최대의 소나무 숲. 수천 그루의 소나무가 빼곡하고 숲에 발을 디디는 순간 짙은 소나무향이 온몸을 감싼다. 2010년 산림청이 지정한 최고의 숲.

3경 후박나무
높이 17m, 수령 300살의 천연기념물 제212호 지정된 두 그루의 나무. 이 나무들은 서낭림으로 보호되어 오고 있으며, 매년 정초에 마을에서 선출된 제주가 치성을 들이고 있다.

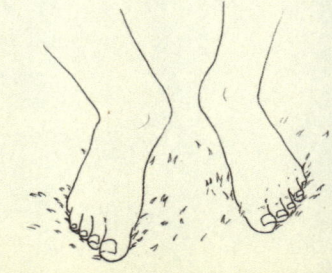

4경 구성바위

구멍의 사투리 '구성', 그래서 구성바위라 불린다. 배를 타고 섬을 돌다 보면 촘촘히 쌓여 있는 페이스트리 같은 바위들이 보인다. 어쩜 이리 신기한 지형이 있을까? 라고 감탄하는 순간 갑자기 가운데가 뻥~ 뚫린 초대형 시루떡 바위가 등장한다. 누가 일부러 가운데를 파지 않고서야 기암괴석 한가운데 구멍이 나긴 쉽지 않을 텐데…. 바람이 한 짓 아니면 파도가 한 짓이라니, 그 세월의 깊이가 묵직하게 느껴지는 곳이다.

5경 돌담길과 벽화

관매도의 돌담들은 거친 바람과 추위를 피하기 위해 마을 주민들이 직접 하나하나 쌓은 것으로 큰 돌로 성글게 쌓아 올린 게 아니라 작은 돌들로 이를 맞춰가며 꼼꼼히 만든 담. 벽화는 관매도 경치의 하이라이트다. 약 10개의 아름다운 벽화가 마을 곳곳의 담벼락에 새겨져 있다. 세상 그 어떤 그림보다 생생하게 살아서 숨 쉰다. 어느 한 화가분의 그림이라고 들었는데 우리네 시골 풍경을 사진으로 찍어 새겨 놓은 듯 투박하지만 정이 느껴지는 수작이다. 개인적으로 저명한 설치미술가들의 작품보다 훨씬 더 깊고 큰 울림을 느꼈다.

6경 꽁돌

옥황상제가 가지고 놀던 공깃돌이 실수로 땅에 떨어졌다는 전설이 있는 기묘한 모양의 돌. 정말 옥황상제의 공깃돌인 것처럼 큼지막하고 심지어 돌 한가운데 선명한 손가락 자국까지 있다.

7경 하늘다리

파도에 의해 갈라진 50m 높이의 바위섬 두 개가 3m 간격으로 나란히 서 있다. 바위섬 양쪽을 연결한 것이 하늘다리. 다리 가운데가 유리로 만들어져 걷는 사람으로 하여금 식은땀이 흐르게 한다.

📷 1박 2일 추억의 장소
관매도 가는 길

교통편	방면	구간	출발시간	요금	소요시간
고속버스	서울	서울→진도	07:35~16:35	2만 2600원	5시간 20분
		진도→서울	08:00~16:00		
군내 버스	팽목항	팽목→진도	07:10~19:00	2600원	50분
		진도→팽목	06:00~17:50		

* 군내 버스 시간은 선박 운항에 따라 변경 가능(문의 061-544-2062)

여객선 운항 시간

여객선	출발시간 (팽목)	출발시간 (관매도)	매표소
농협고속페리	12:00	13:20	061-544-3771
한림페리	09:50	14:20	061-544-0833

지옥을 맛보다
관매도 잔혹사

이날 멤버들에게 주어진 미션은 관매 7경 찾아 사진 찍어 오기. 시간도 넉넉하게 3시간이나 주었다. 이들에게 주어진 상벌은 성공하면 1인당 용돈 3만 원, 실패하면 밤샘 촬영. 나 PD의 입에서 이 말이 떨어지기가 무섭게 멤버들이 외친다. "실패해! 실패해! 우리만 고생하나! 자기들도 고생하지." 아. 그렇구나. 우리도 밤 새우는 건 마찬가지구나. 아무튼 멤버들은 그날 미션을 작정하고 실패했다. 저녁 복불복을 끝내고, 멤버들이 옷을 갈아입는 동안 제작진은 머리를 맞대고 밤샘 촬영 스케줄을 짜기 시작했다. 다시 봐도 지옥 같은 스케줄이었다. 천하장사 강호동도 입술은 부르텄고 눈에는 피곤이 가득했다. 강호동이 그 정도인데 나머지 멤버들을 비롯한 스태프는 얼마나 힘들었을

까. 밤이 깊어 가고, 스태프는 시체처럼 픽픽 쓰러져 갔다. 새벽 4시 쯤 되었나? 착한 청년 이승기가 스태프에게 라면을 끓여 주겠다며 주방으로 향했다. 사실 스태프는 우리가 챙겨야 하는데 막내 승기가 알아서 챙겨 준다. 승기야 고맙다. 너밖에 없구나. 관매도 촬영이 끝난 후 회의 때 작은 변화가 생겼다. '자나 깨나 입조심' 벌칙 아이디어를 내기 전에 이것이 과연 '인간적인가?'를 먼저 생각하게 되었다.

자나 깨나 입조심
이 벌칙, 인간적인가?

🌙 1박 2일 추억의 밤
마을 공동 운영 숙소

관매도에는 마을에서 공동으로 운영하는 훌륭한 숙소가 있다. 전통식과 현대식 두 종류가 있는데 상당히 깨끗하고 경치도 좋은 곳에 위치해 그 어떤 섬의 숙소보다 강추한다.
관매사랑민박 (현대식 숙소) : 2층 양옥집 형태로 15인 이상 단체 숙박도 가능하다. 공동 부엌과 취사장이 있으며 미리 말만 하면 단체 식사도 가능하다.
팽나무골민박 (전통식 숙소) : 백만 불짜리 바다 전망을 자랑하는 전통 어촌 민박집 형태의 숙소, 아기자기한 시골집으로, 내부가 아주 깔끔하다. 마당이 넓어 바비큐도 가능하고 돌담 너머로 바로 바다가 보이는, 최고의 경치 포인트다.

홈페이지 www.gwanmaedo.co.kr
문의 010-2829-6400

※ 관매도에서는 1년 중 6~7월 딱 한 달간만 톳 작업을 한다(전량 일본으로 수출). 톳 작업이 주민들의 주 수입원이므로, 6~7월은 마을분들 거의가 톳 작업에 열중한다. 이 시기에 관매도를 방문하시는 분들은, 주민분들의 삶이나 생활을 존중하고, 방해하지 않는 뜻에서 차량 없이 걸어서 관매도 관광을 즐겨 주시길!

방송일 _	2011. 10. 16 ~ 23
촬영지 _	경북 경주시
에피소드 _	〈1박 2일〉 어느덧 100번째 여행.

천년고도 신라로 우리 문화유산을 찾아
특별한 답사여행을 떠났다.
백문이 불여일견. 아는 만큼 보이고, 보이는 만큼 느낀다.
단순히 먹고 자고 즐기는 것이 아니라
눈으로 직접 보고 머리를 채우는 배움의 길!
난생 처음 멤버들이 공부로 시작한 여행은 어떨까?
특별 가이드 유홍준 교수와 함께 신라로 떠나자.

14

1박 2일, 어느새 100번째 여행

〈경주 답사 여행〉

유년 시절부터 나는 문학보다는 역사에 관심이 많았다.
감성적이고 낭만적인 이야기보다는
선이 굵은 스토리들을 좋아했던 나는 한때 사학도를 꿈꿨다.
그래서 나는 유홍준 교수님의 입심과 글솜씨,
눈썰미를 늘 동경했고, 기회가 된다면 〈1박 2일〉에서
꼭 그분과 함께 역사 답사 여행을 떠나고 싶었다.
지적 갈망이 큰 〈1박 2일〉에
정말 잘 맞는 여행이 되겠구나 싶었기 때문이다.
기동력 좋은 나 PD가 전화기를 들었다.
"교수님, 저는 KBS 〈1박 2일〉의 나영석 프로듀서입니다.
저희가 100번째 여행을 떠나는 데 교수님과 함께
답사 여행을 가고 싶습니다."
유 교수님의 대답은 간단명료했다.

**좋습니다.
만나서 얘기합시다.**

대망의
100번째 여행이다

햇수로 5년을 함께 울고 웃고 살 비비고 뒹굴고, 또 가끔 싸우기도 했다. 그래, 참 애썼다. 100번째 녹화를 앞두고 나 스스로에게 하는 칭찬이다. 그러나 기쁨도 대견함도 잠시, 걱정이 앞선다. 나도, 나 PD도 기념일 같은 건 기억도 못 하고 살뜰하게 챙기지도 못하는 성격. 그런데 100번째 여행이라니. 게다가 지난 녹화인 〈전국 5일장 투어〉부터는 강호동도 없다. 지난 녹화는 멤버들과 제작진 모두 이를 악물고 한 녹화이건만 어미 잃은 새끼들을 지켜보는 것처럼 짠한 마음이 들지 않을 수 없었다. 강호동의 빈자리를 채우고 가장 〈1박 2일〉다운 방식으로 특별한 날을 기념할 만한 녹화로 뭐가 있을까?

카드는 유홍준 교수님이었다. 내가 고3 때 나온 책이 지금까지도 베스트셀러로 팔리고 있는 《나의 문화유산 답사기》 작가이자 문화재청장을 지내신 분. 그분과 함께 답사 여행을 하는 것은 나의 오랜 바람이었다. 나는 내 오랜 로망을 꺼냈다. 유홍준 교수님은 생각 이상으로 소탈한 분이셨다. 문화재청장까지 지내신 분인데도 오랫동안 학생들과 함께하셔서 그런지 격식을 중요시하지 않으셨고(나 PD와 재영이에게 맞담배를 권유할 정도였다) 명성에 맞게 담대하셨다.

왜 하필
경주 남산이었을까?

그 많은 유적지 중에서, 수많은 역사 유물 중에서 왜 하필 경주 남산으로 갔을까? 사실 처음 교수님이 경주 남산 얘기를 꺼냈을 때는 좀 망설였다. 경주 남산이라면 이전에 몇 번 후배들이 자료 조사를 해 제의한 적이 있었던 곳으로, 솔직히 나는 유명한 유적지도 아니고, 마땅한 볼거리도 없다고 생각했던 곳이다. 이런 나의 우려를 꿰뚫어 보신 듯 교수님께서 말씀하셨다. "답사는 초급, 중급, 고급 코스가 있습니다. 국사책 표지에 나오는 경주 불국사나 첨성대는 초급 코스지요. 보통 초급 코스는 입장료를 받지요. 그런데 우리가 갈 경주 남산은 단 돈 1원도 들지 않는 고급 코스입니다. 고수들만 다니는 곳이지요. 이번 경주 답사 여행을 통해 숨겨진 고급 답사의 진수를 보여 주고 싶습니다."

**경주 남산은 단 돈 1원도 들지 않는 고급 코스입니다.
고수들만 다니는 곳이지요.**

교수님에게 100% 일임하고 우린 그저 주제에 맞는 양념만 첨가했다. 우린 회의를 통해 7대 보물을 뽑기로, 쉽게 역사를 이해하기 위해 퀴즈 형식으로 진행하기로, 오락적인 재미를 위해 위조지폐를 발행하기로 했다. 이 모든 예능적인 구성에 교수님은 흔쾌히, 정말 쿨하게 "어~ 좋네~ 재미있겠네~" 하셨다. 진짜 권위의식이라고는 없는 분이다. 가오(?)는 없으시고 센스는 가득한 분이 바로 인간 유홍준이다.

험난했던
남산 답사

답사는 교수님의 측근이자 오른팔인 도서출판 눌와의 김효형 대표님과 함께 떠났다. 대표님은 교수님의 애제자로 10년 넘게 교수님의 연구실에 계셨던 분이다. 또한 베이스캠프인 수오재의 사장님이자 작가로 활동하고 계시는 이재호 사장님도 동행해 주셨다. 이번엔 사전 답사 없이 바로 픽스 답사다. PD와 작가 모두 첫 KTX를 타고 경주로 내려갔다. 경주 남산 답사의 출발지는 삼릉, 경주의 역사만큼이나 깊은 세월을 담은 듯한 노송들이 우리를 반겼다. 그리고 쏟아지는 감탄사들. 남산 입구부터 예고 없이 등장하는 생경한 불상들, 수많은 신라의 흔적들이 노천박물관이라는 말을 실감하게 했다. 답답한 박물관 실내에 박제된 듯 진열된 역사 유물이 아니라 걸으면서 눈앞에서 보고, 직접 만질 수 있는 유물들이 그렇게 매력적일 수 없다. 하지만 이런 감탄도 감동도 잠시, 문제가 생겼다. 유홍준 교수님은 분명 어려운 코스가 아니니 편안한 마음으로 다녀오라고 하셨었다.

그런데 모두 숨을 할딱거리고, 심지어 누군가는
겨울의 설악산보다 힘들다고 했다.

아이고, 대주야!

유홍준 교수님의 어려운 등산 코스가 아니라는 말에 등산화는 물론이고 등산용품을 준비한 사람은 아무도 없었다(남산은 돌산이라 운동화로 등산하기엔 무리다!!). 동네 산책하는 것처럼 가벼운 마음으로 왔는데 갑작스러운 악산 등반에 심신에 충격이 컸다. 문제는 여기서 끝나지 않았다. 이날 답사는 삼릉에서 시작해 남산 최고봉인 금오봉을 지나 용장사터에서 하산, 다시 칠불암까지 올라갔다 내려오는 코스였다. 그러니까 등산-하산-등산-하산으로 이어지는 산봉우리 두 개를 타는 코스인데 도시락은 물론이고 먹을거리를 하나도 준비하지 않았던 것. 그날따라 조막손(지리산에서 최악의 숙소를 제공했던) 대주가 슈퍼에서 장을 봤는데 인원수에 딱 맞게 초코바 7개, 초코파이 7개를 사 온 것이다. 사람은 14명, 간식거리도 딱 14개. 칼로리 소모가 큰 등산 끼니로 초코바나 초코파이 중 하나를 골라 먹어야 하는 상황이 되었다. 답사 내내 대주에게는 큰 부자 되라며 세상의 모든 야유와 비난이 쏟아졌고, 심지어 허기를 참지 못한 재영이는 "아저씨 나쁜 사람 아니야" 하며 남산에 소풍 온 초등학생들의 김밥 도시락까지 뺏어 먹고 말았다. 아침 8시 시작된 답사, 남산 답사를 끝내고 내려오니 오후 5시가 되었다. 해가 뉘엿뉘엿 지고 있었다.

조막손 대주 때문에 배고팠던 것만 빼면

개인적으로는
평생 잊지 못할 최고의 답사였다.

멤버들
예습 시키기!

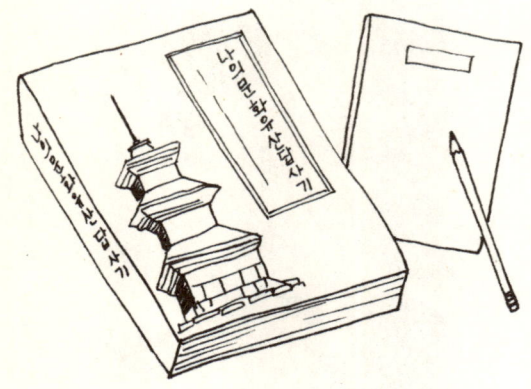

나는 역사 '덕후'이니 답사가 재미있었지만 걱정이 앞섰다. 고구려, 백제, 신라도 잘 모르는 우리 멤버들이 재미있어 할까? 시청자들은 과연 주야장천 나오는 역사 이야기에 흥미를 가질까? 산을 두 개를 넘는데 과연 멤버들이 버텨 줄까? 녹화는 잘될까? 그래도 정석으로 돌진하기로 했다.

답사 여행인 만큼 무조건 문화재들에 초점을 맞추기로 했다. 멤버들 얼굴보단 불상이 멋있고 웅장하게 찍혀야 한다. 헬리캠 2대, ENG 카메라 4대, 오디마크투 등 남산을 멋있게 찍을 수 있는 모든 장비를 총동원해 배치했다. 이른바 인서트 촬영이라고 하는 추가 촬영에 많은 품을 들였다. 본 촬영 전에 선발대가 먼저 유물들을 촬영하며 앞서 나갔고, 본 촬영에는 인서트 전담팀이 꾸려져 교수님이 말하는 내용을 잘 듣고 촬영팀이 이동하면 남아서 그 부분만 디테일하게 다시 촬영을 했다. 우린 경주 남산에 관한 최고의 다큐멘터리 한 편을 만들겠다는 각오로 최고의 영상을 담아 내는 데 주력했다.

영상미를 위해 최고의 장비들이 동원되었다면, 알찬 내용을 위해선 멤버들의 준비가 필수였다. 우린 멤버들 집으로 유홍준 교수님의 책 《나의 문화 유산 답사기》를 보냈다. 그리고 전부는 못 읽더라도 경주 부분이라도 읽어 올 것을 당부했다.

승기는 두말할 것도 없고 의외로 지원과 종민이가 지적 호기심이 많은 편인데, 특히나 종민이는 꾸준히 독서를 하는 편이다. 믿을지 모르겠지만 종민이는 가장 독서량이 많은 멤버로, 인문학이나 처세술과 관련된 책에도 관심이 많다(진짜다). 예상대로 승기와 종민이는 성실히 읽어 왔고, 특히나 종민이는 유홍준 교수님의 책을 읽고 경주 문화재들에 크게 감명받은 듯 연신 감탄사를 내뱉었다.

은지원, 총명함으로
유홍준 교수의 애제자 되다

유홍준 교수님과의 첫 만남은 전혀 어색하지 않았다. 교단에 워낙 오래 계셨고, 젊은 학생들과 함께하시는 분이라 멤버들과의 소통도 쉬워 보였다. 나는 사전에 〈1박 2일〉 멤버들을 교수님이 가르치는 대학생으로 생각하지 말고 초등학생으로 생각하고 눈높이에 맞춰 쉽게 설명해 주실 것을 부탁했다. 우리도 나름대로 경주 남산 답사 여행을 〈남산 7대 보물찾기〉라고 이름 붙였다. 7대 보물에 숨겨진 비밀을 맞히면 용돈을 받을 수 있었다. 남산 입구부터 질문이 쏟아졌다. 옛 역사의 기운에 압도된 듯 모범생 승기도, 신라와 조선도 헷갈려 하던 수근이도 눈이 반짝였다. 그런데 교수님의 사랑을 받은 사람은 따로 있었다. 역사에는 전혀 문외한이라 '관심 학생'으로 교수님의 주의를 받던 지원은 예리한 시각들로 교수님의 질문에 잘 대답하고 허를 찌르는 질문으로 애제자로 등극하게 되었다. 아무런 관심도 상식도 없다가 교수님 질문에는 기가 막히게 대답해 무릎을 치게 하니 그럴 때마다 나는 생각했다.

'지원이 쟤, 정말 천재 아닐까?'

1박 2일 추억의 장소
경주 남산 7대 보물

보물 ① 삼릉골 마애선각육존불상
별명은 배수로 불상. 붓으로 도화지에 그림을 그리듯이 각각의 암벽에 삼존불을 그려 놓았는데, 굴곡이 있는 암벽에 입체적으로 그려서 사실감 있는 것이 포인트. 자연 암석 위에 인공적으로 길게 홈을 파 놓았는데 빗물이 마애불로 직접 흘러 내리지 않도록 배수로 역할을 한다. 우리 선조님들, 천재다.

보물 ② 삼릉골 선각여래좌상
두꺼운 입술과 못생긴 얼굴 때문에 아프리카 불상이라고 불린다. 조각법이 세련되지 않고 특히 다리 부분에는 거의 손을 대지 않은 것처럼 보이는 이 불상은 고려 시대의 것으로 추정된다. 조각은 신라 시대에 이미 예술의 경지에 올랐기 때문에 고려 시대에는 웬만한 것으로는 주목받을 수 없어 파격적이고 개성적인 작품으로 승부를 본 것이 아닌가 추측한다.

보물 ③ 삼릉골 석불좌상
별명은 성형불상. 원래 코밑에서 턱까지 완전히 파손돼 있었는데 광배(부처의 몸에서 나오는 빛을 형상화한 것)를 보수하느라 턱 부분을 시멘트로 발라 머리 윗부분과 몸체를 이어서 더 흉측한 인상이 됐다. 광배 보수도 덕지덕지 해 놓았지만 턱 쪽을 가리고 보면 아주 잘생긴 불상이고 근육질인 몸짱 불상이다.

보물 ④ 상선암 마애석가여래대불좌상

높이 5.2m, 무릎폭 3.5m나 되는 남산 종주길에서 본 불상 중 가장 크고 조각법이 우수한 불상이다. 얼굴 부분을 입체적으로 조각하고 밑으로 갈수록 평면에 가까워지는 특이한 형태를 지니고 있다. 특히나 마당처럼 펼쳐진 암석 위에서 보는 경치가 장관인데, 동쪽으로는 남산의 주봉이 보이고 서쪽으로는 배리의 평야가 내려다보인다.

보물 ⑤ 용장사터 삼층석탑

위치 선정만으로 이미 명품. 가 보시라. 바로 압도당한다. 경사가 90도에 가까운 좁은 길들을 오르내리면 소나무들이 비틀어져 듬성듬성 나 있는 골짜기가 나온다. 그리고 그 골짜기를 지나 소나무를 헤치면 눈앞에 정말 한 폭의 그림 같은 석탑이 나타난다. 절묘한 위치, 낭떠러지 끝에 1000년 역사를 고스란히 간직한 위풍당당한 삼층 석탑이 존재한다. 마치 리우데자네이루의 팔 벌린 예수상처럼 산 아래 중생들을 지긋이 내려다보고 있다. 높이는 고작 4.5m밖에 안 되지만, 남산에서 가장 장엄한 유물. 그 이유는 바로 산과 삼층 석탑의 완벽한 조화에 있다. 신라의 탑들은 원래 2단 기단을 이루나, 이 석탑은 2중 기단을 따로 만들지 않고 자연 암석 위에 바로 상층 기단을 세웠다. 산 전체를 아예 기단으로 삼아 버린 우리 조상님들의 스케일!

보물 ⑥ 신선암 마애보살반가상

'이것은 불상을 조각한 것이 아니라 바위 속에 있는 것을 그대로 꺼내 놓은 것이다'. 용장사터 삼층석탑이 7대 보물의 하이라이트라면 신선암 마애보살은 그 절정이다. 한 사람이 겨우 지나갈 것 같은 절벽을 게걸음으로 조심조심 걸어가, 절벽 모퉁이를 돌면 약간 넓은 공간이 나온다. 눈앞에 아무리 찾아도 불상이 안 보인다. 그때 슬쩍 고개를 돌리면 입꼬리가 살짝 올라가 있는 불상을 만난다.

보물 ⑦ 칠불암 마애석불

남산 7대 보물 중 유일하게 국보로 지정된 불상이다. 모두 일곱 개의 불상이 있어 칠불암이다. 조각수법이 뛰어나고 예술적 가치가 우수하며 다른 불상과는 확연히 그 디테일이 차이 난다.

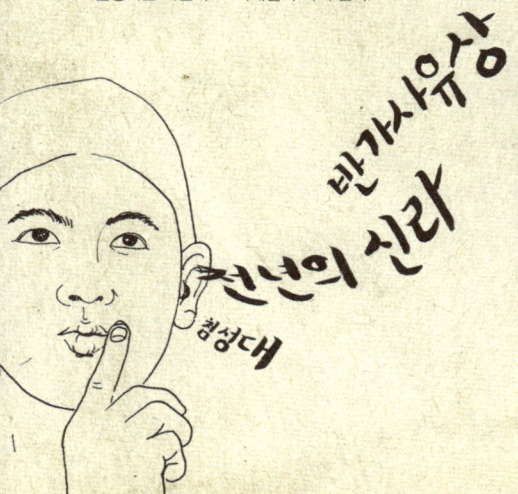

반가사유상
천년의 신라
첨성대

김밥 한 줄에 30억,
초콜릿 한 알에 1억!

자칫 교육적인 분위기로만 흐를 수 있는 답사 여행의 유일한 오락 장치, 억 단위의 위조지폐. 이 아이디어는 철저히 답사 때의 경험에서 나왔다. 위에서도 말했듯이 조막손 대주의 만행(?)으로 우린 배가 너무나 고팠다. 정말 물 한 병이 아쉽고 초코파이 하나가 간절했고 미친 듯이 콜라가 먹고 싶었다. 그때 우리 눈앞에 소풍 온 중학생들이 보였다. 이들은 삼삼오오 자리를 잡고 앉아 맛난 김밥을 먹고 있었다. 아이들의 손을 탁! 하고 쳐서 김밥을 낚아채고 싶은 욕망을 우린 꾹~하고 겨우 참았다. 그 순간에는 정말 집문서를 주고서라도 먹고 싶었다. 콜라가 10만 원이라 해도 바로 살 것 같았다. 배고픈 그 순간 생각했다. '그래, 멤버들에게 이 짓을 하자. 산을 타면 배가 고프겠지. 목이 타겠지. 콜라 한 잔이 억만금이라 해도 살 거야.' 역시 내 생각은 적중했다.

멤버들의 분노는 폭발했다. 하지만 어쩔 도리가 없다. 그렇다고 내려가서 사 먹을 수는 없는 일 아닌가? 엄태웅이 가진 돈은 달랑 10억. 겨우 단무지만 든 김밥을 사 먹었고, 김종민은 3억을 내고 초콜릿 세 알로 식사를 마쳤다. 그리고 승기는 2분 만에 가진 돈 150억을 다 썼다.

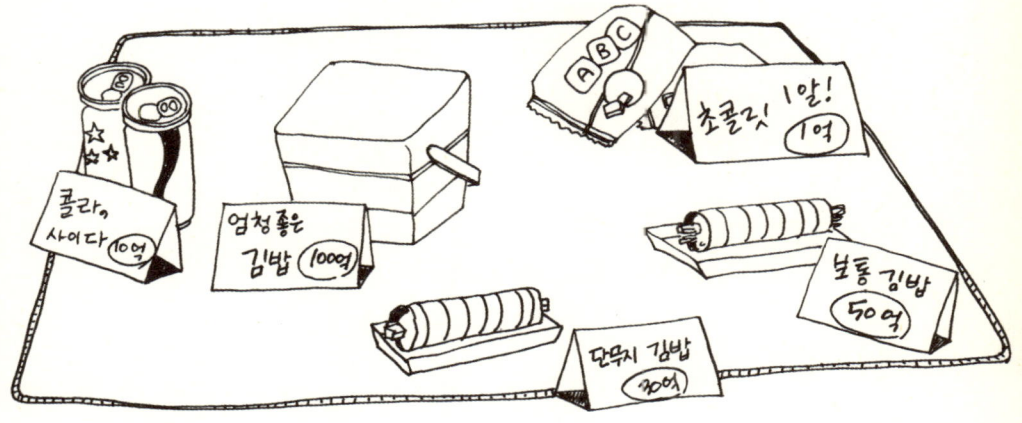

찬합에 든
김밥이랑 콜라 두 개 샀는데
150억이 들었다.

🍴 1박 2일 추억의 맛
칠불암식당

멤버들이 유홍준 교수님과 함께 칼국수를 먹었던 곳으로, 칠불암 마애석불까지 본 뒤 1시간 30분 정도 걸려 하산하고 난 후 허기를 달랠 수 있는 유일한 곳. 소박한 외관이지만 경주 토박이들만 다니는 숨겨진 맛집으로 대표 메뉴는 촌두부와 추어탕, 손칼국수다. 정갈한 밑반찬에 입맛을 돋우고 손칼국수는 '메이드 인 경주 콩가루'와 들깨가루로 고소한 맛을 낸다. 파전과 동동주 한 잔 곁들이면 등산의 피로는 금세 사라진다.

주소 경북 경주시 남산동 1008-32
문의 054-620-0707
가격 추어탕 7000원, 칼국수 5000원, 파전 7000원, 촌두부 7000원, 동동주 6000원

📷 1박 2일 추억의 장소
불국사

경주하면 석굴암과 동시에 떠오르는 그 이름, 불국사. 촬영 중에 만난 시민들도 유홍준 교수님의 설명에 귀를 기울이게 만들었던 그곳이다. 석굴암과 나란히 유네스코 세계문화유산으로 등재되기도 했다. 위대한 문화 유산, 천천히 둘러보고 느끼자.

주소 경북 경주시 진현동 15
홈페이지 www.bulguksa.or.kr
문의 054-746-9913
입장료 일반 4000원, 청소년 3000원, 어린이 1000원
개장 시간 07:00 ~ 18:00 (동절기: ~17:30)

또다시 기분 좋게 빗나간
시청률 걱정

이번 방송 역시 촬영 내내, 편집 내내 걱정이 많았다. 10초마다 한 번씩 불상이 등장하고 1분마다 교육 방송처럼 설명 자막이 들어간다. 재미 요소는 위조지폐가 담당했지만 기본적으로 다큐 필이 충만한 방송이다. 이거 또 '지루하다, 재미없다'라는 소릴 듣는 건 아닌지 나와 나 PD 모두 가슴 졸였다. 그리고 개인적으로 궁금하기도 했다. 오락적인 재미가 아닌 새로운 것에 대한 정보에 대중은 어느 정도의 관심과 애정이 있을지 작가로서 궁금했다. 이 모든 것은 시청률이 말해 줄 것이다. 다음 날 시청률이 나왔다. 안 떨어지면 다행이라 생각했는데 전주 대비 2%포인트나 상승했다. 물론 그전에 여론의 호평이 쏟아졌고 과연 이래서 국민 예능이라는 과분한 칭송도 받았다. 눈으로 직접 수치를 확인하고 나니 아드레날린이 치솟았다. 나의 걱정들이 또 기분 좋게 빗나간 것이다. 내가 틀렸어! 내가 틀렸다고!! 사실 이런 기분을 만끽할 때 최고의 카타르시스를 느낀다.

그리고 네티즌 의견의 절반,

국사 수업도
이렇게 해 주세요!!
아, 감동이다.

로마의 콜로세움도 멋지고 트레비 분수도 훌륭하다. 근데 그게 다. 물론 세계사적인, 미적인 상식이 풍부하다면 조금 더 깊숙이 와 닿을 수도 있을 것이다. 하지만 그 역시 남의 나라 이야기. 하지만 경주는 우리 아버지의 아버지의 아버지의… 아버지의 이야기다. 경주 유물들의 이야기엔 우리가 드라마에서 열광했던 선덕여왕이 등장하고 비담과 김유신이 존재한다. 한마디로 스토리텔링이 있다. 인류 역사 중 1000년 이상 수도였던 곳은 로마와 신라밖에 없다. 그만큼 대단한 곳이 바로 경주다. 로마의 유물만큼 화려하진 않지만 우리와 똑같은 피가 흐르는 우리 이야기를 들려주는 곳이 경주다. 감히 권한다.

로마보다 경주가 낫다.

🌙 1박 2일 추억의 밤
수오재

승기가 어우동으로 변신하고 밤새 에밀레종 이야기를 들었던 〈경주 남산〉 편의 베이스캠프. 기행 전문가이자 작가인 이재호 씨가 운영하는 수오재는 전국에 흩어진 고택 5채를 옮겨 한데 모아 복원해 놓은 한옥 숙소로 경주의 고즈넉한 분위기를 느끼기에 안성맞춤인 곳. 점점 사라져 가는 전통 한옥의 멋을 그대로 살리기 위해 모든 방과 지붕, 벽 등을 전통 방식 그대로 고스란히 지어 내 멋을 더했다.

따뜻한 아랫목과 깔끔한 내부는 한가로이 고택을 즐기기에 불편함이 없다. 수오재 별채 옆 숲으로 들어가면 멋진 소나무 숲이 나오고, 효공왕릉, 선덕여왕릉까지 도보로 갈 수 있다. 자전거도 무료로 빌려 줘 날이 좋을 때는 자유롭게 탈 수 있다. 미리 예약하고 갈 경우 식사도 가능하다.

주소 경북 경주시 배반동 217
문의 010-9516-3030

우정's Memory 7 · 〈1박 2일〉 작가의 대답
작가들이 자주 받는 질문들

Q1
멤버들은 진짜 밖에서 자나요?

A. **진짜 밖에서 잡니다.** 보통 세트장이 아닌 마을이나 강가, 해변, 그리고 산에서 하는 야외 취침. 기본 스태프만 100여 명, 거기에 구경을 하시는 일반인분들이 계시는데 이 많은 눈을 속이면서 6년 동안 촬영을 할 수는 없었겠죠. 그리고 여러분도 잘 수 있습니다. 잠자리를 만들 때는 먼저 기본적으로 텐트에 바닥용 매트, 모포, 두꺼운 이불을 깝니다. 완성되면 바닥 두께만 10~15cm 정도 되니 얼음판 위에 잠자리를 만들더라도 바닥의 냉기가 올라오긴 힘듭니다. 게다가 전문 산악인들이 사용하는 침낭에 두꺼운 패딩까지, 이 정도면 하룻밤 정도는 충분히 버틸 수 있겠죠.

Q2
게임에서 지면 진짜 밥을 안 주나요?

A. **생수는 줍니다.** 밥을 안 주는 이유는 아주 단순합니다. 〈1박 2일〉 멤버들은 밥 한 공기, 김치 한 젓가락을 더 얻기 위해 필사적으로 게임을 합니다. 그런데 밥을 그냥 준다고 한다면 게임할 이유가 없죠. 실제로 멤버들은 촬영 중에 배가 고파서 정색하며 화내기도 합니다. 그래서 방송을 보는 시청자 여러분이 멤버들의 모습에 더욱 몰입할 수 있는 것이겠죠. 힘들게 촬영한 멤버들에게 어떻게 밥을 안 줄 수 있냐고 하신다면 저녁 한 끼 굶는 건 누구나 할 수 있는 것 아니냐고 반문하고 싶네요. 그래도 막상 잠자리 복불복을 끝내고 배고픔에 지쳐 잠드는 멤버들을 보면 참 안쓰럽기도 하지만… 어쩔 수 없잖아요~ 게임에 졌으니!

Q3

스태프는 어디서 자나요?

A. **촬영장 근처에 숙소를 잡습니다.** 촬영 장소를 정하는 것 못지않게 스태프의 숙소를 정하는 것도 중요합니다. 보통 새벽까지 촬영하고 실제로 잘 수 있는 시간은 3~4시간 정도니 조금이라도 편하게 쉬어야만 힘든 촬영을 잘 진행할 수 있을 테니까요. 물론 무인도나 깊은 산골처럼 숙소를 잡을 수 없는 곳에선 가끔 멤버들 옆에 텐트를 치고 함께 야외 취침을 하기도 합니다.

Q4

여행지는 어떻게 선정하나요?

A. **계절, 날씨, 여행 콘셉트, 멤버들의 컨디션 등 모든 것을 고려해 장소를 정합니다.** 총 2주에 걸쳐 촬영 준비를 하는데 첫 주에는 여행지를 찾고 직접 답사를 해서 촬영에 적합한 장소를 고릅니다. 장소가 정해지면 다시 모든 PD와 작가가 2차 현장답사를 떠나 장소를 확정하죠. 모든 답사가 끝나면 다시 1주일에 걸쳐 구체적인 촬영 계획을 짭니다. 보통 촬영이 이뤄지기까지 2주에 걸쳐 한 장소를 2번에서 3번은 다녀오는 셈이죠.

Q5

대본은 진짜 없나요?

A. **대본은 필요가 없어서 없는 겁니다.** 제작진과 스태프를 위한 스케줄 표와 여행지 소개를 위한 오프닝 멘트 정도가 있을 뿐이죠. 여행지에 도착하기까지, 또 도착해서 저녁을 먹고 잠들기까지 그 어떤 것도 정해진 것은 없습니다. 모든 것이 레이스나 퀴즈, 게임의 결과에 따라 결정되다 보니 대본 자체를 쓸 수도 없고 쓸 필요도 없는 거죠. 만약 〈1박 2일〉의 대본을 써야 한다면 그건 미래를 내다볼 수 있는 능력이 있어야만 가능하겠죠.

우정's Memory 8 · 잊을 수 없는 추억
하지만, 사진이 없어 담지 못한 이야기들

외국인 근로자와 함께한 1박 2일
2011. 1. 9~16

출생 신고부터 여권 만들기까지

〈1박 2일〉을 작업하는 동안, 방송이 나간 다음 지인들이 가장 많이 연락을 한 방송은 바로 〈외국인 근로자와 함께한 1박 2일〉이다. 방송을 보고 아버지가 생각나고 어머니가 보고 싶었다는 친구들, 눈이 새빨개지도록 울었다는 선후배들의 문자 메시지를 받고 사실은 그들보다 내가 더 벅찼다. 천하의 강호동이 어깨를 들썩이며 울고 말았으니 일대 사건은 사건이었다. 큰 감동을 준 방송이었던 만큼 준비도 쉽지 않았다. 네팔, 미얀마, 방글라데시, 캄보디아, 파키스탄에 있는 가족들을 불러오기까지, 상상 초월의 난제들이 많았다. 그중에서도 가장 큰 문제를 공개해 볼까? 근로자의 가족들은 거의 여.권.이.없었다. 게다가 여권을 만들려고 했더니, 아예 출생신고가 안 된 가족도 있었다. 출생 신고를 하고, 여권을 만들고, 비자를 만들어 한국행 비행기표를 예약하기까지 험난함의 연속이었다. **이제 와서 감사한 마음을 표현하지만, 외교부와 고용 노동부가 없었으면 제대로 해결하지 못했을 거다.**

펑펑 눈물을 쏟아 낸 경호원들

실은 외교부와 고용 노동부에서는 촬영에 협조를 해 주면서 근로자들의 가족이 불법 체류할까 걱정을 했다. 결국 우리는 경호원들과 모든 일정을 함께하게 됐다. 그런데 아주 재미있는 일이 일어났다. 경호원들이 24시간 가족들과 붙어 있다 보니 그분들은 아이들의 보모 같아졌다. 아이들도 경호원들을 삼촌이나 이모로 대하고 식사를 할 때도 꼭 경호원들 옆에서 하려고 했다. 쓰완의 아기 기저귀 갈기, 카르키의 아이들 목욕시키는 것도 여자 경호원의 몫이었다. 가족들이 고국으로 돌아갈 때 공항에서 가장 많이 운 사람들도 경호원들이었다. 이들이 하도 눈물을 쏟아내 칸이나 아킬이 놀랄 정도였다. 누구나 이별은 감당하기 쉽지 않다. **행복한 시간은 왜 그리도 빨리 가는지, 이별의 시간은 몇 번을 경험해도 왜 매번 두려운지 모르겠다. 한국에서 바다를 처음 본 카르키 가족, 한국에서 눈을 처음 본 모든 가족들은 이 시간이 잊지 못할 추억이고, 잊지 못할 은혜라는 인사를 남기고 떠났다.**

여배우 조인트 MT, 별은 내 가슴에
2011. 5. 22~6. 2

여배우들, 어떻게 섭외했냐고?

회의 때 장난 삼아 우리끼리 했던 말들이 여배우 특집의 시작이었다. 여배우 특집 섭외의 물꼬를 열어 준 사람은 바로 최지우 씨. 초특급 여배우의 출연이 확정되면서 섭외는 순항이었다. 여배우 매니저들이 "정말 최지우 씨가 출연한대요?"라는 말로 전화를 받은 걸 보면 그들의 세계에서도 구미 당기는 희한한 사건(?)이었나 보다. 덕분에 정말 안 할 거라는 생각에 섭외 리스트에서 빼 놓았던 김하늘 씨, 〈로열패밀리〉를 끝내고 주부 모드로 돌아가겠다던 염정아 씨, 충무로 흥행 보증수표 김수미 선생님, 여걸식스의 멤버로 인연을 맺었던 의리의 이혜영씨, 그리고 연기파 막내 서우 씨까지 부족함 없는 캐스팅을 완료했다. 사실, 무모하다 싶을 정도의 급 높은 여배우들에게 전화를 했는데, 의외의 반응들을 보였다. 거절한 여배우들조차 전화해 줘서 감사하다며, 비록 아쉽게 출연은 못 하지만 방송이 기대된다고 말했다. **여배우들 사이에선 〈1박 2일〉 섭외 전화가 안 와 서운하다는 말까지 나돌 정도였다고 한다.**

〈1박 2일〉에 배용준 나오면 어떨까?
이야, 배용준? 그럼 장동건도!
〈1박 2일〉은 남자만 있으니까 여배우 나오면 진짜 재미있겠다!
에이~ 설마 나오겠어?
그래도 여배우들이 까나리도 먹고 텐트에서 자면 진짜 대박이지 않아?
혹시 모르니까 한번 전화라도 해 볼까?

그녀들도 쿨하다, 그리고 허당이다!

흰 티만 걸쳤는데도, 후줄근한 트레이닝 차림에도 과연 지우히메님의 외모는 다른 수식어가 필요 없이 아름다움 자체였다. 그런 그녀가 〈1박 2일〉을 찾아와 입수를 하고야 말았으니! 현장에서는 방송과 비교해서 천만 배는 더 뻥! 터졌다. 멋지게 입수할 고민도 하지 않고 강호동의 입에서 "최지우 입수~!"라는 명령어가 떨어지자마자 바로 철푸덕! 그녀의 몸 개그에 모든 사람들이 엄지를 들었다. 그리고 방송에서 민낯으로 화제가 됐던 김하늘의 쿨함에 대해서도 할 말이 있다. 이수근의 운전이 답답하다며 직접 운전했던 김하늘은 방송에 나간 것보다 훨씬 오래 운전을 했다. (나중에 염정아가 멀미 난다며 살살 운전해 달라고 투정했을 정도) 그리고 가장 대박이었던 김수미 선생님 몰카 사건! 방송에선 잠깐이었지만, 현장에서 선생님은 족히 15분은 기절한 듯 누워 계셨다. 119도 불렀고, 가위로 선생님 목걸이까지 끊으려는 찰나 벌떡 일어난 김수미 선생님. **1명이 100명을 감쪽같이 속이는 몰래 카메라도 있더라.** 의외로 쿨하고 의외로 허당인 그녀들의 사진을 책에 담지 못해 아쉬울 따름이다.

몰래카메라~!!

278

Photo Essay

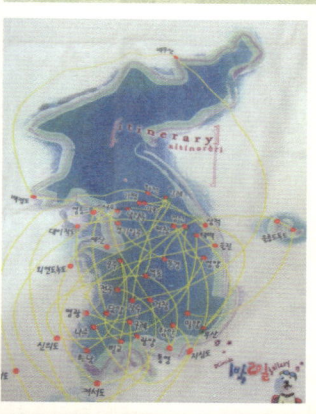

Epilogue

"너네 촬영장에 떡 해서 가고 싶은데, 가도 돼?"

아직 〈1박 2일〉을 하고 있을 때, 선배 드라마 작가 한 분이 내게 불쑥 이런 말을 했다. 이름만 들어도 알 만한 저명한 작가님이 미천한 버라이어티 촬영장에 오겠다니. 그것도 떡까지 해 들고! 나는 이유를 물었다.

"엄마가 큰 수술을 받고 매일 우울하게 보내시는데 〈1박 2일〉볼 때만 웃으신다. 일주일에 하루, 그거 보는 낙으로 사셔."

세상에. 작가로 밥벌이하면서 이보다 더 큰 칭찬이 있을까. 오히려 떡을 해서 드리고 싶은 사람은 나였다. 그냥 TV 예능 프로그램일 뿐인데. 일주일에 한 번, 밤하늘에 폭죽처럼 쏘아 올려지고 금세 까맣게 잊히는 일회용 예능 프로그램. 그러나 〈1박 2일〉은 만드는 사람들의 손을 떠나 이미 많은 사람의 것이 되어 있었다.

아무리 잘 나가는 드라마와 영화도 시간이 지나면 잊히긴 마찬가지이다. 하지만 조금 더 시간이 지나면, 하나의 '작품'으로 불리며 대대손손 '기록'으로 남겨진다. 나에게 〈1박 2일〉은 하나의 작품이다. 수많은 사람이 함께 만들어 온 최고의 명품! 그냥 이대로 밤하늘에 뻥하고 던져 버리기 아쉬웠다. 이 책을 통해 기록으로 남길 수 있어 다행이라는 생각이 든다.

〈1박 2일〉 작가로 살았던 지난 5년, 내 청춘만 쏟은 줄 알았는데, 동료 PD들도, 후배 작가들도, 스태프들도, 연기자들도 그랬단다.

그 많은 이들의 청춘의 시간을
사라지지 않을 기록으로 남겼으니,
뒤늦게나마, 과거의 노고에 감사하는
마음이라고 여겨주면 좋겠다.

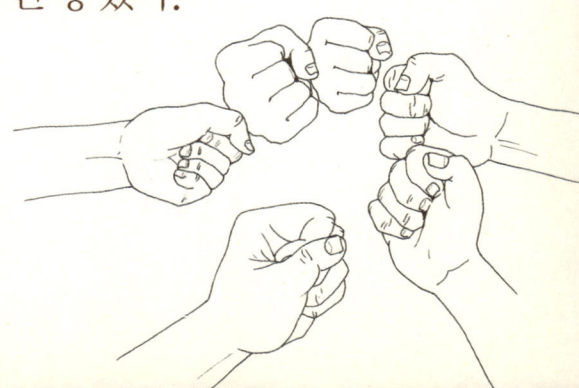

1박 2일 김 시규 CP
이 명한 PD 나영석 PD
이 우정 작가 전 ㅇㅇ 아무
불편 불만이 없어요. ^^
열심히 할께요.
— 강호동

야! 즐..이고
즐.. 삽자.!
— 김C

※.대러운전 C.F. 광고를 보장하라~
MC.몽
— MC몽

스탭 들에게.

스탭들은 우리에 기본적인 생존권을 돌려달라
앞으로 어길시 난 잠수탄다.

첫번째 : (기본의 즐거리는 보장하라)
  운동이 근육인지 당인지 구분이 안간다.
  (턴댄·첨낭) 죽대 죽게.

두번째 : (목목목까까지 퍼다.)
  목욕 있는것 하게 해봐. 속이 뒤집어져서
  그리고 냄새까지 안가셔서. 아로 난 만나주지 않아.
  애들 들면 보통 장비것 매우 강비젹
  " 떡볶이 " 떡볶이 이젠보첨인류임

세번째 : 감호들에 독치 처해. 먹이단다
  이건 욱 무서워서. 믿을 못해.
  목은 송도 대로 안대면 다 잡아먹게
  생겼니. 나는 왜 송도 없는줄 알아.
  그것 아는 사람이 구려.

네번째 : 기쉰 여탁가 어피다.
  무야 이건 감호들 둑아
  북특에 멍곡 족가득군 교체 배망
  가가버유 체서. 오른 먹을 못해

이걸 어길시
나
잠수탄다.

— 이수근 —

— 이수근

신강 깜 행기시구
정말 고생하는 보에 스텝들
멋지구 잠정소경습니다.
유게! 잘먹고! 오래오게
상중!!
— 이승기

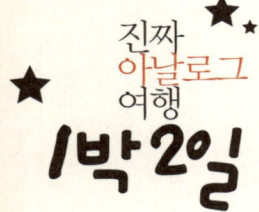

초판 1쇄 2013년 1월 30일

지은이 | 이우정

발행인 | 양원석
총편집인 | 이헌상
편집장 | 고현진
책임편집 | 김초롱
디자인 | 제플린 zeppelin 02-2277-5740
일러스트 | 김수정
교정·교열 | 허지혜
영업·마케팅 | 김경만, 곽희은, 임충진, 주상우, 장현기, 임우열, 정미진, 송기현, 우지연

펴낸 곳 | ㈜알에이치코리아
주소 | 서울시 금천구 가산동 345-90 한라시그마밸리 20층
편집 문의 | 02-6443-8893
구입 문의 | 02-6443-8838
홈페이지 | www.randombooks.co.kr
등록번호 | 2004년 1월 15일 제2-3726호

ⓒ이우정 2013
ISBN 978-89-255-4970-5 (13980)

* 이 책은 ㈜알에이치코리아가 저작권자와의 계약에 따라 발행한 것이므로
  본사의 서면 동의 없이는 책의 내용을 어떠한 형태나 수단으로 이용하지 못합니다.
* 잘못된 책은 바꿔드립니다.

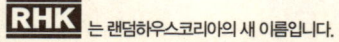